조벽 교수의 명강의 노하우&노와이

조벽 교수의
명강의 노하우 & 노와이

세계적인 교수법의 권위자,
조벽 교수의 명강의 비법

조벽 지음

이 책에 대한 독자들의 서평 ★★★★★

개학일이 되기 전에 반드시 다시 한 번 예스24 rimimanse 님
이 책은 처음 교사가 되고 누군가를 책임지고 가르친다는 사실이 두렵고 긴장되었을 때 만났다. 나는 이 책이 마치 정답인 것처럼 위안을 삼으며 첫 수업에 대한 구체적인 계획과 스스로에 대한 피드백 계획을 세웠고 자신감도 얻었다. 몇 년이 지난 지금도 방학이 끝나고 개학할 무렵 이 책을 다시 꺼내어 읽는다.

가르치는 사람은 꼭 한번 읽어야 할 실용서 예스24 당최 님
사람을 가르치는 직업에 종사하는 사람으로서 곁에 두고 수시로 읽으며 감탄하는 책이다. 저자는 사람을 가르치는 사람으로서 어떻게 하는 것이 옳다는 원론뿐 아니라 학생을 위한 진심과 배려가 담긴 실질적인 실천기법까지 알려준다. 그 어떤 교수법 시리즈보다 학생들을 가르치는 데 실질적으로 도움이 되는 교육자의 필독서이다.

잘 가르치고 싶다 예스24 카를 님
"나 배울 때는 정말 강의 안 빼먹고 공부 열심히 했는데 요새는 왜 이러냐?"고 배우는 사람을 탓하는 가르치는 사람에게 이 책은 '강의하는 법을 안 배우셨군요'라고 말한다.

수업의 실제를 보여주는 흥미로운 책 예스24 gabiyadaum 님

사실 이런 책은 많다. 하지만 왜 이 책을 주목해야 하는가? 그 이유는 첫 번째 재미있다. 두 번째는 철저하게 이론을 바탕에 두고 현실을 적절하게 조화시키며 설명한다. 또한 '아, 그렇구나' 하는 부분과 '왜 나는 잊고 있었지' 하는 부분이 많다.

좋은 교사가 되기 위한 지침서 예스24 wonderkid 님

좋은 학자라고 해서 좋은 선생은 아니다. 그만큼 누군가를 가르친다는 것은 힘든 일이다. 가르치는 사람은 자신의 눈높이가 아닌 학생의 눈높이를 항상 주시해야 하기 때문이다. 이 책은 좋은 선생이 되기 위한 강의 초·중·후반의 과정을 보여준다. 효율적으로 수업을 이끌어 가기 위한 방법들을 일목요연하게 알려준다.

현장에서 도움이 되는 책 예스24 blueyoun 님

교수법과 교육학에 대한 책은 무수히 나와 있지만 아무리 읽어도 그런 이론서에는 실제로 현장에 섰을 때의 대처 방법을 말해 주지 않는다. '어떻게 가르쳐야 하지?', '어떻게 학급을 경영해 나가지?'는 순전히 개인적인 문제이다. 이런 개인적인 문제로 고민하며 교직에 있는 사람은 이 책을 본 순간 '우와' 하고 감탄사를 연발하게 될 것이다.

교수법에 대한 명강의를 옮겨놓은 책 예스24 applitch 님

이 책 자체가 교수법에 대한 강의록이다. 책을 덮을 때는 교수법에 대한 재미있고 지루하지 않은 강의를 들은 기분이었다. 물론 이 책은 대학 강의 내용으로 쓴 책이지만 고등학교 수업에서 도움되는 부분이 더 많다. 아이들에게 재미있는 수업을 하고 싶다거나, 아이들이 졸지 않는 수업을 하고 싶은 교사들에게 도움이 될 것이다. 그리고 이 책에서 말하는 가르치는 사람에게 효과적인 방법은 바꾸어 생각하면 배우는 사람에게 효과적으로 배울 수 있는 방법이 되기도 한다. 그런 의미에서 좋은 수업을 받고 싶은 학생이라면 읽어볼 만한 책이다.

교수 가르치는 교수가 들려주는 명강의론

교보문고 bookoo1998 님

가르치는 것을 업으로 삼는 사람에게 가르치는 방법에 대해 이러쿵저러쿵 얘기한다면 몹시 자존심이 상한다. 하지만 이 책은 자존심 상하지 않게 명강의를 하고, 명강사가 되는 요령을 몰래 알려준다.

실력과 전달 능력을 겸비한 교수가 되고 싶다

교보문고 leo1959 님

나는 대학과 대학원에서 공부하는 동안 무수히 많은 교수님들의 강의를 들었다. 그리고 이제 나 또한 가르치는 위치에 서 있다. 교수님들마다 스타일이 다르고 성격도 다양하지만 실력과 전달 능력만을 놓고 생각해 보면 가장 안타까웠던 경우는 객관적으로 학식이 깊은 교수님들이 전달 능력이 빈약하여 학생들을 재우는 경우이다. 나는 적어도 강의가 쉽고 재미있어야 한다고 믿는다. 그래서 어떻게 전달 능력을 기를 수 있을지 관심을 가지게 되었는데 이 책은 이론적인 깊이가 있으면서 구체적인 기술들을 나에게 일깨워 주었다.

자상한 선배 선생님 같은 책 알라딘 sunflower 님

교사 4년차인데도 아직도 어떻게 가르치는 것이 잘 가르치는 것인지 잘 모르겠습니다. 하지만 이 책을 읽으면서 제가 가르치는 태도에 대해 많이 반성하게 되었고, 동시에 희망을 가지게 되었습니다. 또한 정말 선배 선생님의 따뜻한 조언을 받는 느낌이었습니다. 특히 구석구석에 나와 있는 잔소리 코너는 실생활에 적용할 수 있는 따끔한 충고였습니다. 이제 앞에 앉은 후배 선생님에게도 선물하려고 합니다.

진짜 노와이(KNOW-WHY) 알라딘 순대선생 님

'노와이'를 타이틀로 한 책은 많다. 하지만, 진짜 노와이를 담은 책은 드물다. 이 책을 읽으면서 나는 그가 제시하는 노하우, 노와이가 명강의를 위한 진짜 방법과 진짜 이유일 수 있다는 공감을 할 수 있었다. 임용을 준비하면서 각종 수험서 안에 박제화된 교육공학 이론들을 답답하게 마주하고 있는 예비교사들에게 이 책을 적극 추천한다.

'이대로는 안 된다'라는 자각을 일깨운 책 알라딘 연인 님

나는 해묵은 습성에서 탈피하지 못하고 그저 막연히 느껴지는 한계 때문에 늘 머리가 무거웠었다. 그 책임의 화살은 늘 아이들을 향해 있었다. 그러다 우연히 읽게 된 이 책은 편협한 나의 시각을 교정하는 일이 급선무임을 일깨워 주었다. 이렇게 생각이 전환될 수 있는 계기를 마련해 준 조벽 교수님께 존경과 감사를 표한다. 교육 현장에서 치열하게 살아본 사람만이 쓸 수 있는 글이고, 가려운 구석을 시원하게 긁어주는 책이다. 늘 곁에 두고 자극으로 삼고 싶다.

[개정판 서문]

희망의 대한민국 교육을 위하여

오늘날 대한민국의 교육이 잘못되고 있다는 비판과 자성의 목소리가 큽니다. 교육 개혁이 절실하지만, 누구도 올바른 목소리를 내지 못하고 근시안적인 논쟁만 이어지고 있습니다. 어느 누구도 명쾌한 치유책을 내놓기 힘든 지금의 대한민국 교육 현실을 보며, 교육계에 몸담고 있는 한 사람으로서 느끼는 답답하고 안타까운 마음은 말로 표현하기 힘들 정도입니다.

대한민국 교육 현실에 대해, 강의 현장에서 고전하고 있는 교사들을 위해 펴낸 『명강의 노하우 & 노와이』, 『나는 대한민국의 교사다』는 출간 후 지금까지 독자 여러분의 끊임없는 관심과 성원을 받아왔습니다.

정보화 시대를 맞이하여 대학 교수들이 지식만을 전달하는 역할에서 벗어나 좀 더 효과적이고 의미 있는 강의를 할 수 있도록 교수법을 소개한 『명강의 노하우 & 노와이』는 이제 교수들만이 아니라 초중고 교사, 목회자, 다른 사람들 앞에서 프레젠테이션을 해야 하는 일반 회사원들까지도 참고하는 책이 되었습니다.

가르치는 기술만으로는 유능한 교육자가 될 수 없으며 마음 한 중심에 학생을 두어야 진정으로 행복한 교육자가 될 수 있다는 교육 철학을 담은 『나는 대한민국의 교사다』는 교생들에게 필독서가 되었고, 절망적으로 보이는 교육 현장에서 교육자가 먼저 희망을 가져야 한다는 메시지를 많은 이들에게 전달하는 역할을 했습니다.

저는 한국에서 초등학교 시절을 보낸 후 미국으로 건너가, 영국식, 미국식, 한국식 교육을 두루 받고, 여러 나라에서 살며 많은 나라를 방문하였습니다. 세계 속에서 활동하는 많은 한국 학생들을 만나면서 실망도 많았지만 희망도 많이 보았습니다. 그러면서 한국은 일류 국가가 될 수 있다는 생각을 강하게 갖게 되었습니다.

글로벌 시대가 요구하는 인재가 갖추어야 하는 창의성, 전문성, 인성은 한국의 과거전통과 현재문화, 그리고 한국적인 근본 가치관에 이미 깊이 내재되어 있습니다. 이 모든 것에 생명력을 불어넣어줄 수 있다면 한국은 세계 무대에서 강력한 힘을 발휘하는 국가로 발돋움할 수 있을 것입니다. 그 새로운 교육을 불러일으키는 역할을 하고 있는 이 땅의 교사들에게 이번 개정판이 힘이 될 수 있기를 바랍니다.

2010년 12월
조벽

[들어가는 말]

새로운 교수법이 필요한 이유

여러 일간지에 '교수들을 가르치는 교수'라고 소개된 뒤부터 나는 교수법을 강연하는 데에 부담을 느끼게 되었다. 일반적으로 명강사라고 하면 말 잘하는 사람일 것이라고 기대하기 쉬운데, 나는 혀가 짧아 발음이 정확하지 않아 달변의 명강사라는 이미지와는 애초부터 거리가 멀기 때문이다.

교수법을 강연하는 데에는 부담이 하나 더 있다. '교수법'이라는 주제 자체가 교육의 최고 지위에 있는 교수님들의 기분을 상하게 할 수 있기 때문이다. 더구나 교육학과는 거리가 먼 공학을 전공한 사람이 교육과 교수법에 대해서 강연을 한다니 '구경' 삼아 특강에 참석하는 교수들도 적지 않을 것이다. 이렇게 이미 언짢거나 뒤틀려진 참석자의 마음을 강연하는 동안에 우호적으로 돌리는 것은 쉽지 않다.

어느 대학에 특강하러 갔던 날 강의실로 가는데 바로 앞에 교수님 세 명이 걸어가고 있었다.

"오늘 강연 주제가 '새 시대 교수법'이라지."

"허, 참. 바빠 죽겠는데……. 들어주러 가야지요."

그렇다. 며칠 전부터 텐트까지 쳐가며 줄 서서 열광한다는 H.O.T. 방청객과는 달리 교수법 강연에는 마지못해 참석하는 교수들도 있다. 듣고 싶어서가 아니라 할 수 없이, 선심 쓰는 기분으로 오는 교수들도 있을 것이다.

이런 선입견 때문에 나로서는 강연의 첫마디가 조심스러울 수밖에 없다. 일단 분위기를 부드럽게 만들기 위해서 먼저 '시험용 티셔츠'를 꺼내 보인다. '시험용 티셔츠'는 내가 강의하는 미국의 미시간 공과대학 학생들이 시험 볼 때 입는 옷으로, 앞면에 온갖 수학 공식이 빽빽히 적혀 있다. 티셔츠를 입고 내려다보면 제대로 보이게끔 공식들이 위아래가 뒤집혀 적혀 있다. 이때 청중이 이 티셔츠에 얼마만큼 관심을 보이고 호응하는가에 따라 그날 교수법 강연의 성패가 정해진다고 해도 과언이 아니다.

"이 티셔츠는 지식 기반 시대의 학생들에게 이런 공식을 달달 암기해서 시험을 잘 봤자 아무 소용없다는 메시지를 전달하기 위해 고안되었습니다. 새 시대에는 정보와 지식을 응용하는 능력, 여러 지식을 연결시켜서 새로운 지식으로 발전시키는 능력, 어떤 정보가 필요한지 분별하고 판단하는 능력이 중요합니다."

고개를 끄떡이는 교수가 눈에 많이 띄면 일단 마음이 놓인다. 이 기회를 놓치지 않고 '지식 기반 시대'에는 교수들이 자기의 지식을 학생들에게 조금씩 떼어주는 '지식 중간 도매상' 노릇에서 벗어나야 한다는 말을 덧붙인다.

사실 한때 우리 학생들은 학력(學歷)을 추구하는 '지식 소비자'

였다. 졸업장은 지식을 얼마나 소비했는가를 보여주는 계산서에 불과했다. 하지만 이제는 학력(學力)을 지닌 '지식 생산자'로서의 능력을 갖추어야 하는 시대가 왔기 때문에 4년제 대학을 졸업하고서도 전문대를 다시 다니는 기현상이 벌어지는 것이다. 이런 낭비를 막기 위해서 새 시대의 교수는 학생들에게 지식 전달 위주의 강의를 하지 말고 응용력·종합력·판단력을 키워줘야 한다고 강조한다. 그리고 나서 새 시대 구호 중의 하나인 '윈-윈(win-win)'의 참뜻에 대한 설명으로 이어나간다.

"새 시대에는 팀워크가 중요하다고 하지 않습니까? 그래서 티셔츠 뒷면에도 수학 공식이 적혀 있습니다. 티셔츠 입은 학생 혼자 혜택을 누리지 말고 뒤에 앉은 친구도 보라고요. 그래야 윈-윈 아닙니까."

그렇다. 한국에는 경쟁력이란 개념이 잘못 이해되고 있다. 경쟁력 강화를 위해 모든 조직들은 구성원들끼리 경쟁을 시키려고 한다. 참으로 어리석은 짓이다. "모이면 살고, 흩어지면 죽는다"라는 한국적인 정신을 왜 스스로 차버리는지 모르겠다.

경쟁력이라는 결과를 도출하기 위한 방법은 '윈-루즈(win-lose)'가 생기는 경쟁이 아니다. 구성원들이 협력해야 한다. 경쟁력은 결과, 이 결과를 도출하기 위한 방법은 협력이다.

새 시대 교수법 1: 커뮤니케이션 기술

이 정도의 서두로 교수법 강연은 이제 본론으로 들어간다. 새 시대 교수법은 크게 세 가지의 내용을 담고 있는데, 그중 첫째는 효과적으로 강의하는 '기술'을 다룬다. 이 내용은 반드시 교수들에게만 적용되는 게 아니다. 교수법은 커뮤니케이션 기술과 대인 관계

기술이 중심이 될 수밖에 없고, 이런 기법은 요즘 같은 정보화 시대에는 모든 사람들에게 필요하다. 그래서 내가 매주 발송하는 무료 전자 주간지《새 시대 교수법》은 초중고 교사, 목사, 학원 강사, 회사원들도 구독하고 있다.

비디오 촬영을 통해서 자신의 강의 기술을 개선하는 방법도 소개한다. 연구 중심 대학 중에 최고라고 하는 하버드 대학에서도 매년 200명 이상의 교수가 자발적으로 강의 기술 향상을 위해 비디오 촬영을 하고 자문을 받는다. 이것은 놀라운 일이다. 이런 예는 연구 실적을 높이려면 강의에 소홀해질 수밖에 없다는 통념을 무참하게 깨버린다. 한국 대학도 '연구 아니면 강의'라는 상호 배타적인 이분법에서 벗어나야만 연구와 강의라는 두 마리 토끼를 한꺼번에 잡을 수 있다.

뛰어난 강의 기술이 있으면 강의 준비에 적은 시간을 들이고도 더 큰 효과를 보게 되니 연구에 들일 시간이 더 많아진다. 강의 기술을 터득하기 위해서 오늘 몇 시간을 투자한다면 두고두고 몇 백, 몇 천 시간으로 되돌려 받을 수 있다는 말이다. 30분짜리 강의를 준비해서 한 시간으로 늘려 강의하는 것이 얼마나 힘든지는 겪어 본 이라면 다 안다. 이런 정신적 고통을 은퇴할 때까지 느낄 것인가? 정신 건강을 위해서라도 교직의 장기 전략에는 교수법 기술 향상이 반드시 포함돼야 한다.

유능한 교육자의 특성은 이미 잘 알려져 있다. 학생에 대한 배려, 수업 준비와 열의, 명확하게 설명하는 능력, 흥미 유발, 전문 지식, 토론을 장려하는 것 등이다. 명강사는 수업 시간을 몽땅 선생님의 목소리로 채우지 않는다. 학생의 목소리가 많이 들려야 한다는 메시지를 전달하기 위해 내가 즐겨 쓰는 말이 있다.

"선생님이 질문하고 스스로 답하는 강의는 최하급 강의. 선생님이 질문하고 학생이 답하면 조금 발전한 강의. 학생이 한 질문에 선생님이 답하면 바람직한 강의. 최상급 강의는 학생이 한 질문에 다른 학생이 답하도록 유도하는 것입니다."

이것이야말로 학생 중심 교육의 기본이다. 학생들의 참여도를 높여서 학생이 자신의 교육을 스스로 책임지도록 이끄는 것이다. 학생 중심 교육이란 학생들이 원하는 대로 해주는 것이 아니다. 학생이 자신의 교육을 주도할 수 있는 능력을 키워주는 것이다. 이것이 평생 교육의 기본이다.

새 시대 교수법 강연 끝에 자주 나오는 질문이 있다.

"명강사는 타고나는 것 아닙니까?"

다시 말해서 강의 실력은 선천적인 능력이지 노력해서 될 일이 아니라는 뜻이다. 이런 말은 종종 '노력해서 안 될 일이라면 불필요하게 노력할 필요가 없지 않느냐'는 엉뚱한 결론으로 이어지기도 한다. 그러나 이런 논리에는 자기 방어 논리와 책임을 회피하려는 의식이 숨어 있다. 유능한 교사는 노력으로 만들어진다는 연구 결과가 많이 나와 있으며, 이런 식의 자기 합리화는 성립되지 않는다.

또 자주 등장하는 질문이 있다.

"미국 교수들은 한 학기에 한두 과목만 가르치지만 기본적으로 서너 과목을 가르치는 우리 대학 현실에서 본다면 강의 준비를 잘한다는 것이 거의 불가능하지 않을까요?"

이런 질문은 주로 미국 대학에서 학위를 받은 교수에게서 나온다. 미국의 한국 유학생들은 미국의 수많은 대학 중에서도 교수가 한 학기에 한두 과목만 가르치는 대학에서 주로 공부했을 것이다. 그러나 이런 대학은 미국에서도 200개 안팎이며, 3,800개가 넘는 미국 대학 중 상위 5%에 속하는 대학이다. 미국에서도 교수가 한 학기에 네 과목 이상 가르치는 4년제 대학이 40%가 넘는다. 이렇게 보면 미국 대학의 실정이 한국에 상당히 왜곡되어 알려져 있는 셈이다.

그뿐 아니다. 교수들의 시간 활용도를 조사한 연구를 보면, 미국에서는 연구 중심 대학의 교수들마저 연구보다 오히려 교육(강의)에 더 많은 시간을 할애하고 있다. 미국 연구 중심 대학에서는 교수들이 평균적으로 연구에 32%, 교육에 40%의 시간을 쓴다고 한다.

새 시대 교수법 2:개혁 패러다임

새 시대 교수법의 둘째 목적은 이처럼 왜곡된 정보와 개념을 바로잡는 일이다. 예를 들어 교육 개혁의 구호인 '다양화·특성화·자율화'가 유행어처럼 되었지만 이것들이 진정 무엇을 뜻하는가를 설명한다. 우선 다양화의 예를 들어보자.

한국에서는 유사한 학과를 통폐합하여 교육의 효율과 품질을 높이고 학생들에게 다양한 선택권을 주기 위해 학부제를 도입했다고 한다. 학부제는 폐쇄적인 학과의 벽을 허물어 다양한 인접 학문, 타학문이 번창할 수 있도록 유도하는 방법이기도 하다. 결국 학부제는 학문과 학생의 다양화를 추구하는 것이 목적이다.

다양화는 새 시대가 지향하는 패러다임임에 분명하다. 하지만 한국에서는 학부제 시행을 둘러싼 잡음이 왜 이토록 많은가. 일부에서는 교수들의 치졸한 영역 싸움이라고 비판한다. 물론 그런 면도 있다. 하지만 기존 체제를 뒤흔들어 불안하게 해놓고, 그 정도 반발에 고개를 내젓는 것은 어리석은 일이다.

대학이 학부제로 인해 진통을 겪고 있는 이유는 보수파 교수의 반발 때문만은 아니다. 다양화를 추구하는 학부제를 획일적으로 밀어붙였기 때문에 효과보다 부작용이 심한 것이다. 다시 말해서 목적과 방법이 일치하지 않았다. 학부제를 시행하는 대학이 있으면 시행하지 않는 대학도 있고, 한 대학 안에 학부제를 시행하는 단과 대학과 학과가 있으면 그렇지 않은 단과 대학과 학과도 있어야 진정한 다양화가 아닐까.

다양화는 대학 사회뿐만 아니라 사회 전역에 걸쳐서 반드시 필요한 패러다임이다. 그러나 다양화는 정부가 주도해서 얻을 수 있는 결과가 아니라 자생적 현상이므로 각자의 개성을 존중해 주면 저절로 나타난다.

그래서 특성화가 중요하다는 것이다. 특성화는 다양화라는 결과를 얻기 위한 방법이지만 한국에서는 특성화가 잘 이루어지지 않는다고 한다. 한국은 산업화를 이룩하는 동안 선진국을 많이 베껴왔는데, 이것이 그만 타성이 되어 서로 눈치보며 베끼려고 하기 때문이라는 설도 있다. 그러나 한국에서는 특성화의 결과를 두려워하거나 정서적으로 수용할 준비가 되어 있지 않은 듯하다. 왜냐하면 특성화는 서열이라는 결과를 초래하기 때문이다.

다양화와 특성화는 서로 다를 뿐 수평적 구조를 지닌다. 하지만 그 '다름'과 '뛰어남(특성)'이 상대 비교되어 차이가 우열로 구분되고, 소위 수직적 서열화로 발전하게 된다. 그런데도 특성화의 당연한 결과를 인위적으로 막으려고 하니 특성화를 위한 개혁 정책은 항상 우왕좌왕하다 실패하고 만다.

서열화가 나쁘니 없애야 한다는 말은 성립하지 않는다. 세상에 서열 없는 사회가 어디 있으랴. 평등이라는 개념이 '기회의 평등'에서 '결과의 평등'으로 변질되는 것은 곤란하다. 모두가 성공을 보장받는 '결과의 평등'은 항상 실패를 평등하게 나눠 가지게 해줄 것이다. 그래서 모두가 평등해야 한다는 공산 국가는 결국 자멸하지 않았는가?

한국 교육의 서열화는 '계급'화되었기 때문에 문제가 있는 것이다. 특수고에 들어가서 명문대를 졸업하면 평생 상위 계급의 특권을 누리는 결과를 가져온다. 멋모르는 사춘기 때 공부하기를 싫어해서, 혹은 수능 점수 1~2점 차이로 이류 대학에 입학하면 훗날 아무리 열심히 해도 평생 이류 인생의 딱지를 면치 못한다. 따라서 계급화된 서열화를 용납해서는 안 된다.

자식 교육을 위해서 외국으로 이민 가는 삶들은 좋은 교육 여건을 찾아서 가는 것만은 아니다. 사교육비가 문제라며 외국으로 이민을 가도 거기서 들일 교육비는 한국보다 더 많을 것이다. 그들은 평생 따라다닐 '이류'라는 계급에서 벗어나기 위해 외국의 실정도 모른 채 무작정 떠나는 것이다.

서열화가 반드시 계급적일 필요는 없다. 시작이야 어떻든 노력 여하에 따라서 위아래로 이동이 자유로운 '계층적' 서열화를 추구해야 한다. 나는 이 개념을 두고 '지식 유통 개혁'이라고 말한다. 새 시대에는 정보와 지식만 자유롭게 유통되는 것이 아니라 지식을 추구하는 모두가 원활히 유통돼야 성장할 수 있는 시대라는 말이다. 이 '지식 유통 개혁'이야말로 정부가 적극적으로 개입하고 주도해야 할 국가 차원의 사업이라고 생각한다.

한국에서는 자율화라는 개념 역시 뒤범벅되어 있다. 다양화라는 꽃을 피우기 위해서 특성화라는 방법을 동원하려면 자율화라는 밑거름이 준비되어야 한다. 그러나 자율을 타율의 반대로 인식해서는 안 된다. '타율'이란 명사의 반대어는 '자유'지 '자율'이 아니다.

자유는 외부와의 투쟁에서 얻을 수 있지만, 자율은 내부로부터 얻어내는 것이다. 자율은 스스로 자립할 수 있는 능력을 말한다.

자유라는 개념 또한 매우 왜곡되어 알려져 있다. 영어에는 자유라는 뜻을 지닌 단어로 '프리덤(freedom)'과 '리버티(liberty)' 두 가지가 있지만, 한국어로는 똑같이 '자유'라고 번역되기 때문에 혼동을 초래하는 것 같다. 'freedom'은 아무 규제 없는 상태를 뜻하지만, 'liberty'는 비윤리적 또는 부당한 규제로부터 해방됨을 뜻한다. 그러므로 합당한 규제는 있어도 된다는 뜻을 지닌 'liberty'는 타율을 인정한다. 다시 말해서 사회가 생존하기 위해 국민이 추구해야 하는 자유는 liberty지 freedom이 아니라는 것이다. 프랑스혁명에서 내건 '자유, 평등, 박애'라는 슬로건의 영문은 'liberty, equality, fraternity'였다. 미국 헌법도 국민의 liberty를 보장했지 국민이 제멋대로 할 수 있는 freedom을 약속하지 않았다. 사람들은 간섭과 규제로 통제받는 타율에 지쳐 자율을 외치지만, 자립 능력이 없는 상태의 자율은 타락과 방종으로 치닫기 쉽다.

이외에도 연봉제, 교수 노조 등 외국 제도가 속속 수입되고 있다. 특히 연봉제는 마치 만병통치약이라도 되는 듯이 여겨지고 있다. 연봉제는 비상시에 매우 효력 있는 약임은 틀림없다. 하지만 장기 복용시에는 위험한 부작용을 가져오는 극약임을 반드시 알아야 한다. 특히 자율화가 중요하다고 자처하는 교육기관에서마저 교원을 타율로 끌고 가는 수단으로 연봉제를 채택했으니 그 결과가 뻔할 수밖에 없다.

학생 중심 교육이라는 귀중한 교육 이념이 소비자 위주의 시장경제 원리와 일치한다고 생각하는 것 같다. 그리고 시장경제 체제에 걸맞은 경영 기술이 마치 기업체의 영업 기술인 듯 아무 생각

없이 적용되고 있다. 지식 기반 시대라고 해서 지식인을 산업 시대의 노동자처럼 취급하는 것은 아직도 행정이 산업 시대의 경영 철학에서 벗어나지 못했다는 증거다. 새 시대의 인력을 구시대의 틀에 억지로 끼워 맞추려는 행동이라는 것이다. 이에 반발하여 지식인들이 노조를 설립하려는 움직임 또한 산업화 시대의 방식을 탈피하지 못한 대응책이다.

교원 연봉제는 교육 부실로 이어질 수 있으며, 노조의 등장은 집안싸움으로 확대될 가능성이 매우 높다. 학생들을 위한다는 교육 개혁에서 자칫하면 학생들만 피해를 보게 될 수도 있다. 앞날이 암담하다.

하지만 한국에 절망만이 보이는 것은 아니다. 한국의 단점과 선진국의 장점을 비교한다면 한국은 분명 몹쓸 나라로 보인다. 그러나 나는 한국에 희망이 있다고 생각한다. 이 말은, 선진국의 단점과 한국의 장점을 비교해서 한국이 좋은 나라라고 강변하려는 것이 아니다. 한국이 잘되기를 바라는 마음에서 막연한 희망으로 이야기하는 것도 아니다.

나는 지난 6년 간 한국을 스물아홉 차례 방문했고, 40여 대학에서 교수법을 강연했다. 내 눈에 비친 한국과 한국 교육에는 희망이 있었다. 한국의 현실이 좋았다는 게 아니라, 잘될 가능성을 보았다는 말이다.

한국은 일단 개혁 방향과 방법을 정하면 온 국민이 한마음이 되어 엄청난 추진력으로 밀고 나가는 능력이 있다. 이 때문에 한국은 단시일에 크게 발전할 수 있는 나라다. 한국에는 반일, 반공, 반정부라는 대단히 귀중한 반발의 역사가 있지만, 이제는 지양보다 지향의 이념을 가질 단계다.

새 시대 교수법 3:개혁 방안

나는 교육 개혁의 핵 요소를 학생, 교육 내용, 교육기관의 구조 및 행정 등 네 가지 차원에서 생각한다. 일단 학생을 교육의 산물로 인식하는 구시대적 발상에서 벗어나려면 교육을 학생 중심, 즉 학생의 자아 실현으로 옮겨야 한다. 교육 내용은 두뇌의 여러 영역을 고루 발달시키되, 특히 여태껏 소외되어 온 창의력 개발에 주력해야 한다. 교육기관은 지식과 지식인의 '열린' 유통 구조로 재조정되어야 하며, 행정은 새 시대에 걸맞은 행정 기술로 이행되어야 한다.

이 네 가지 중 교육 행정 개혁이 가장 시급하다. 일단 교육기관과 교원을 상벌(賞罰)로 좌지우지하려는 행정은 없어져야 한다. 벌(罰)은 무지몽매한 백성을 다스리는 농경 시대의 방법이다. 상(賞)은 자본이 판치는 산업 시대에나 큰 효과를 낸다. 하지만 정보화 시대, 지식 기반 시대라고 하는 새 시대의 설득력은 정보와 지식에서 비롯된다.

사람을 꼭 돈(임금)으로 다스리겠다면, 그리고 (경제적) 선진국의 제도를 배우겠다면, 그들이 무엇을 하고 있는가를 보지 말고 그들이 어디로 가고 있는가를 봐야 한다. 예를 들면, 오랫동안 산업화 과정을 겪어온 미국에서는 사회 곳곳에 연봉제가 뿌리깊게 박혀 있지만 지식 기반 사회를 지향하는 앞선 기업에서는 지금 연봉제를 버리고 있다. 연봉제 대신에 회사 지분을 주는 방법도 널리 채택되고 있다. 지분은 단지 돈으로 환산되는 어음이 아니다. 고용인(회사)과 피고용인이 미래를 공유하도록 만들어주는 멋진 방법이다. 회사에 충성심을 가지게 만든다는 평생고용제는 육체적(하드웨어) 결합이다. 그러나 회사 지분 분배는 비전(미래)의 결합이다. 희망을 나눠 가지는 것이며, 서로에 대한 믿음을 쌓아가게 한다. 그런 점에서 소프트웨어가 중요한 새 시대의 방법이다.

한국에서 개혁이 힘든 이유는 비전을 나눠 갖지 못하고 있기 때문이다. 비전이란 손에 쥔 것을 놓으면 더 좋은 것을 쥘 수 있다는 믿음을 제시하는 것이다. 믿을 수 없으면 손에 쥔 것이 아무리 썩은 것이어도 더 꽉 쥐게 되는 것이 사람 심리다. 따라서 사람을 움직이려면 새로운 것을 잡을 수 있다는 희망을 주어야 한다. 그런 점에서 개혁은 희망을 가질 때 비로소 성공한다.

우리는 지난 30년을 돌이켜볼 필요가 있다. 한국이 동서고금을 통틀어 유례 없는 성장을 한 이유는 모두가 정말 잘해 왔기 때문이다. 획일적 체제 순응형 인력을 배출한 교사도 잘했고, 지금은 연구 실적이 없어 홀대받는 원로 교수들도 그들이 할 수 있는 일을 잘해 냈기 때문에 이만큼 온 것이 아닌가. IMF가 터진 직후 쓴 『한국인이 반드시 일어설 수밖에 없는 7가지 이유』(필자와 최성애 교수의 공저)라는 책에서 내가 이미 설명했듯이 한국 교육은 산업화를 일으키기 위한 최선의 교육이었다.

나는 지난 10여 년 동안 매년 한국을 방문했다. 이렇게 방문할 때마다 구석구석 긍정적인 변화가 눈에 띈다. 예전에 교육부에서 강연할 때 졸던 관리는 이제 보이지 않고 무척 노력하는 자세가 보인다. 교수 연구실에 버젓이 놓여 있던 바둑판도 어느덧 치워졌고, 대신에 개혁 방안과 계획 차트가 빽빽히 걸려 있다. "교수법 강연 들어주러 가야지" 하는 교수 대신 필기 도구를 준비해 들어오는 교수도 많아졌다. 그렇다. 이런 노력의 효과가 당장 나타나지는 않겠지만 얼마 안 가 눈에 보일 것이다.

한국이 산업화를 성공적으로 이루어낸 것은 성실하고 근면한 한국인의 장점을 살렸기 때문이다. 한국이 정보화에 성공할 수 있는 힘 역시 한국과 한국인의 장점에서 찾아야 할 것이다.

내가 아는 한국인의 장점은 한두 가지가 아니다. 할 수 있다는 자신감, 톡톡 튀는 개성, 강인한 정신력, 알쏭달쏭함(퍼지)에 대한 소화력, 불타는 교육열, 다차원적 네트워크(학연, 혈연, 지(地)연에 지(知)연을 반드시 추가해야 할 것이다), 혁신의 습관화, 변화에 대한 적응력, 세계인을 깜짝 놀라게 하는 순발력, 용감무쌍한 추진력, 인간의 본분을 지키는 가족 중심 가치관, 건강식 음식 문화…… 끝없이 나열할 수 있는 이 모두가 새 시대의 패러다임에 환상적으로 부합될 수 있는 자원이다.

그렇다. 우리가 지금 해야 할 일은 서로 무엇을 잘못했느니 하는 비판이 아니다. 그럴 시기는 이미 지났다. 이제는 서로 무엇을 잘하고 있는지를 찾아보자. 우리의 장점에 한국의 미래가 있다.

KNOW-HOW KNOW-WHY

개정판 서문 희망의 대한민국 교육을 위하여 9
들어가는 말 새로운 교수법이 필요한 이유 11

1장 강단에 서기 전에 준비할 것들
1. 교육 철학을 써보자 29
2. 가르치는 사람으로서 자기 개념 갖기 34
3. 나는 얼마나 유능한 교사인가 41
4. 최고의 수업에는 핵심이 있다 46
5. 강연 공포증 극복하기 49

2장 학기 초반 강의 기술
1. 학생들이 무엇을 배울지부터 알려라 55
2. 거시적 교육 목적을 세워라 63
3. 수업도 계약이다 68
4. 출석 체크도 요령이다 71
5. 큰 그림부터 가르치자 75
6. 교사의 분위기를 연출하라 81
7. 권위도 전략이다 89
8. 가르치는 사람이 수업 환경을 만든다 96
9. 질문을 통해 생각하는 방법 기르기 105
10. 학생의 반응을 유도하고 답하는 기술 113

3장 학기 중반 강의 기술

1. 학생은 다양하다 123
2. 배우는 데도 스타일이 있다 131
3. 학생들의 수준에 맞춘다 138
4. 학습 동기를 부여하라 142
5. 강의의 문제점을 정확히 진단하라 151
6. 잘못된 강의 바로잡기 156
7. 문제 학생 다루기 163

4장 학기 후반 강의 기술

1. 시험도 운영하기 나름이다 173
2. 시험 결과로 이후 강의 방향을 정하라 180
3. 형성 지향적 평가를 해라 187
4. 성적 부진을 탓하기보다 정신적 장애를 살펴라 195
5. 팀워크를 가르치자 203
6. 개별 지도하기 211

5장 강의 발전을 위한 자기 점검

1. 새로운 강의가 필요하다 223
2. 가르치는 사람을 위한 목표 세우기 229
3. 교수법 수정을 위한 응급 처방 235
4. 강의 평가를 통한 발전 258

1장

 강단에 서기 전에
준비할 것들

1
교육 철학을 써보자

강의도 선택이다

새 학기가 시작되면 할 일을 정돈해 봅니다. 연구를 하고, 논문을 읽고 쓰고, 학회 논문 발표를 준비하고, 온갖 위원회에 참석해야 하고, 이것저것 제출해야 할 서류도 많고, 그리고 강의는 서너 과목이나 됩니다. 무슨 일부터 손을 대야 할지 근심부터 앞섭니다. 우왕좌왕하다 보면 시간만 흐르고, 하루하루 바쁘게 보내다 보면 어느새 학기말이 되어버립니다. 학기말이 되어서 돌이켜보면 뭔가 많은 일을 한 것은 분명한데 도무지 무엇을 이루었는지 애매할 것입니다.

이렇게 해야 할 일은 많고 시간은 없을 때, 우선 선택을 해야 합니다. 『성공하는 사람들의 7가지 습관』의 저자 스티븐 코비는 해야 할 일을 나열한 다음 4종류로 분류하고, 그 순서대로 일을 하라고 조언합니다. (1) 중요하고 급한 일, (2) 중요하지만 급하지 않은 일, (3) 중요하지 않지만 급한 일, (4) 중요하지도 않고 급하지도 않은 일. 하지만 이 조언이 한국에서도 잘 해당되는지는 모르겠습니다. '빨리빨리' 한국에서는 거의 모든 일이 급한 일같이 보이기 때문입니다. 정말로 급한가 아닌가를 파악하는 데 하루가 다 가 버릴 수도 있겠지요.

제가 제안하는 선택은 일거리 하나하나를 놓고 따지는 것이 아니라 일에 대한 전반적인 가치관을 결정하는 선택입니다. 과연 시간과 정열을 '실적 채우기'에 맞출 것인가, 아니면 '업적'을 위할 것인가. 실적을 위한 노력에는 확실한 보답이 돌아오되 허전함이 안겨질 수 있습니다. 반면, 업적을 위한 정성에는 흐뭇함이 고이되 아무도 알아주지 않을 수 있습니다. 우연히 실적과 업적이 일치하면 다행입니다. 하지만 그렇지 않을 확률이 더 높습니다. 이 선택은 어느 누구도 대신해 줄 수 없으며, 각자의 가치관에 따를 수밖에 없습니다. 하지만 아무래도 신임 교수님들은 '실적'에 신경 쓰셔야 할 것입니다.

그 다음에는 강의에 대한 선택을 해야 합니다. 좋은 강의는 마음만 가지고 되는 것이 아닙니다. 좋은 강의를 할 수 있게끔 준비할 시간이 넉넉하게 있어야 합니다. 하지만 서너 과목을 다 훌륭하게, 마음에 흡족하도록 준비할 시간은 없을 것입니다. 이때는 선택을 해야 합니다. 모든 과목에 비슷한 시간을 할애하여 모든 과목이 비슷하게 부족하게 할 것인가, 아니면 한 과목이라도 충분하게 준비할 것인가. 저는 한 과목을 선정하여 그 과목만큼은 철저히 준비해야 된다고 생각합니다. 여기에는 크게 두 가지 이유가 있습니다.

첫째, 교수의 강의 스타일과 강의하는 습관은 첫 2년 안에 굳어

버린다고 합니다(세 살 버릇 여든 간다는 속담이 있듯이 말입니다). 신임 교수 시절 정신없이 바쁘다는 이유로 강의를 소홀히 하면 훗날 시간적 여유가 생겨도 강의를 소홀히 하게 된다는 뜻입니다. 습관을 들이기는 쉬워도 버리기는 너무 힘듭니다. (담배를 끊어보신 분은 쉽게 수긍하시리라 생각됩니다.) 따라서 처음부터 매학기 단 한 과목만이라도 강의 준비에 심혈을 기울이는 습관을 가져야 합니다.

둘째, 매학기 다른 한 과목을 선택하여 열심히 준비하면 2~3년 후에는 가르치는 모든 과목이 훌륭하게 준비됩니다. 첫 2~3년 동안 시간을 투자하면 20~30년 동안 내내 되돌려 받게 됩니다. 강의에 기술을 도입하는 초기에는 시간 투자가 요구되지만 효과적이고 효율적인 강의는 결국 시간을 몇 배로 남겨 교수님께 되돌려 줍니다.

이번 새 학기에는 한 과목을 선택해 보시기 바랍니다. 교수님께서 가장 자주 가르치는 과목을 선택하는 것이 좋겠습니다. 혹시 여러 기술을 실험해 보시겠다면 학생 수가 적은 과목이나 고학년 과목을 선택하는 것이 현명하리라 생각됩니다. 하지만 실적을 고려한다면 학생 수가 가장 많은 과목이나 학과에서 중요하게 여기는 과목을 선택하는 것이 바람직하겠습니다.

자신만의 교육 철학을 써보자

교수님께서는 각자 독특한 교육 철학을 지니고 계십니다. 교육학을 정식으로 배웠거나 혼자 틈틈이 공부한 교수님께서는 자신의 교육 철학이 어느 교육 학파에 속하는지에 대해서까지 아시겠지요. 하지만 아마 많은 교수님께서 자신의 교육 철학을 별로 의식하지 않고 계시리라 생각합니다. 의식을 하든 안 하든 교육 철학은 교수님의 강의 스타일이나 학생과의 관계를 좌우합니다. 따라서 강의를 좀더 잘하기 위해서는 우선 자신의 교육 철학을 정확히 인식해야 합니다.

자신의 교육 철학을 정확히 알기 위해서는 그냥 생각하는 것보다는 글로 써보는 것이 효과적입니다. 특히 새 학기가 시작되기 전에 써보시라고 권하고 싶습니다. 논문같이 길게 쓸 필요는 없습니다. A4 용지 한 장 정도면 족합니다. 저희 대학에서는 교수가 승진 심사를 받을 적에 교육 철학을 써내야 합니다. 제가 예전에 쓴 내용을 지금 와서 다시 보니 한심하기 짝이 없습니다. 교육 철학 대신 제 업적을 나열하기에 급급하였더군요. 승진 심사용 서류라서 타인을 의식하여 '선전' 위주로 썼나 봅니다. 하지만 제가 권하는 '교육 철학 쓰기'는 어느 누구도 아닌 자신만을 위한 글입니다. 아이오와 대의 허겐 교수는 다음 네 가지 내용을 적어보라고 권합니다.

1. 목적—학생들에게 어떤 영향을 주려 하는가?

여기에는 가능한 한 추상적이거나 미화된 말을 사용하지 마십시오. 그 대신 '거시적 교육 목표(큰 그림)'를 선택하면 좋습니다.

2. 방법—목적을 어떻게 달성하고자 하는가?

동일한 교육 목적도 가르치는 과목이나 수강생 수가 다르면 다른 방법을 써야 효과가 있습니다. 따라서 여러 종류의 교육 방법을 구체직으로 쓰셔야 합니다.

3. 측정—목적 성취도를 어떻게 측정하는가?

교수님께서 무엇을 얼마만큼 '가르쳤는가'는 비교적 덜 중요하고, 그 대신 학생들이 무엇을 얼마만큼 '배웠는가'를 어떻게 판단할지를 서술하셔야 합니다.

4. '남을 가르치는 일'이 자기 자신에게 왜 중요한가?

이 질문을 다르게 해본다면 "당신은 왜 교수가 되었습니까?" 또는 "당신은 교수의 사회적 책임이 무엇이라고 생각합니까?"입니다.

이렇게 자신의 교육 철학을 적어놓고 보면 교수님께서 강의실에서 하는 행동 하나하나에 의미가 있음을 의식하게 됩니다. 신조가 깃든 강의는 마음을 편하게 해줍니다.

2
가르치는 사람으로서 자기 개념 갖기

가르치고 배우는 데에는 스승과 제자의 만남이 전제됩니다. 따라서 가르치기와 배우기에 대해서 알고자 한다면 이 두 존재에 대해 좀더 깊이 있게 알아야 할 것입니다.

미국의 유명한 교육 철학자 헨리 애덤스(Henry Adams)는 일찍

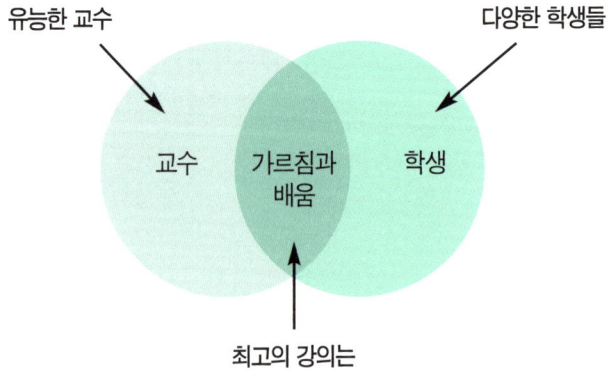

이 "스승 한 사람이 미치는 영향은 영원히 지속된다. 그 영향이 어디서 멈추는가는 아무도 모른다"는 말을 했습니다. 이 장에서는 전반적으로 교사의 개념을 살펴보고, 교사의 중요성을 헤아려보겠습니다.

교사는 학생들에게 중요한 영향을 미친다는 사실을 안다

- 어느 학생이 그 수업을 완료했는지 못했는지를 설명하는 데 있어서 가장 중요한 요인은 교사에게 달려 있다.[1]
- 학생들은 수업을 받는 것이 아니고 교사를 받아들인다.
- 수업 내용이 기억에서 사라져버린 지 오랜 세월이 지난 후에도, 심지어 과목명마저 잊어버린 때라도, 학생들은 여전히 교사를 기억하고 있다.
- 사람이 기억되지, 강의가 기억되는 것은 아니다.[2]
- 교사는 교육의 알파이자 오메가다.[3]
- 교육의 승패는 교사에게 달려 있다.
- 교육의 질은 교사의 질을 능가할 수 없다.

---

1) 3개 대학 180개의 강의실에서 수행된 연구 결과에서 나타남. Guskey, T. R., "On Learning to Teach Effectively from Research on Teaching Effectiveness", *Journal of Classroom Interaction*(1982), 17(2), pp. 7~20.
2) McClarty, *The Teaching Professor*(1989), 3, 7:6.
3) 강창동 외, 『교육학 개론』, 서울:하우(1996).

이처럼 교육의 문제를 다루게 되면 그 논의는 항상 교사의 문제로 귀결되게 마련입니다. 교육학은 서양에서 체계적으로 발달된 것 같지만 스승을 부모처럼 존경하고 받드는 동양의 전통을 보면 교육의 진수는 동양에서 이미 파악하지 않았나 생각됩니다.

자기 개념을 가진다

- 소크라테스
- 회의 진행자
- 전문가
- 장군
- 회사 사장
- 코치
- 관광 안내자

교사 스스로가 자신에 대해 어떤 자기 개념(self-concept)을 가지느냐에 따라 학생들을 대하는 태도와 가르치는 방법이 정해진다고 합니다. 미국의 교육 심리학자들이 연구한 바에 따르면 교사들이 가지고 있는 가장 흔한 자기 개념 일곱 가지는 위에 나열한 바와 같습니다.

물론 자기 개념이란 대개 무의식적으로 지니고 있는 것이어서 교사들이 항상 의도적으로 이와 같은 행동을 한다는 뜻은 아닙니다. 그러나 교사들의 행동을 객관적으로 살펴보면 위와 같은 유형의 행동 양식을 찾아볼 수 있다는 것입니다.

교사가 가지고 있는 자기 개념은 본인도 모르는 사이에 학생들과의 관계를 결정짓는 행동으로 나타나게 됩니다. 예를 들어 자신을 '장군'이라고 여기는 교수님은 학생들을 '졸병' 대하듯 할 테고, '군기'를 잡는다고 때때로 기합을 주기도 할 것입니다.

그런데 혹시 불행하게도 학생들이 교수님을 '장군'으로 바라보지 않을 뿐더러 자신들 역시 '졸병'이라고 생각하지 않는다면 말로 표현을 안 하더라도 교실 분위기는 그만 썰렁해지고 말 것입니다. 따라서 교수님들이 갖는 자기 개념을 의식화해 볼 필요도 있지만 동시에 학생들과의 관계 설정에서도 일종의 공감대를 형성해야 강의 효과를 높일 수 있습니다.

강의 첫날에, "이 수업에서 나는 ○○ 역을 맡을 테니 학생들은 ○○ 역할을 맡으면 어떻겠습니까?" 하고 직설적으로 동의를 얻는 방법도 고려해 볼 만합니다. 심리학자들의 말에 따르면 학생들은 한 교사와의 관계를 다른 교사에게까지 연장하지 않고 그 수업에만 적용(compartmentalization)하는 능력이 있다고 합니다.

여러 강의를 맡으셨다면 특정 강의마다 약간씩 다른 개념으로 학생들과의 관계를 시험해 보아 스스로 어떤 역할이 가장 효과적이었는지 평가해 보는 것도 좋을 듯합니다. 그러나 이럴 경우 한 반에서 매강의마다 이러저런 역할로 자꾸 바꾸면 학생들이 혼동하게 될 뿐 아니라 교수님에 대한 진지한 태도도 잃어버리기 쉽다는 점을 기억하셔야 합니다. 한 개념을 한 반에 적용하신다면 학기가 끝날 때까지 꾸준히 일관성 있게 하셔야 효과가 높습니다.

교사와 학생 사이의 관계를 생각해 본다

교사와 학생 사이의 관계는 (　　)과 (　　)의 관계와 흡사하다.

조각가	나무토막
화가	캔버스
프로그래머	컴퓨터 디스크
피아니스트	건반
불	초
정원사	꽃밭
장군	병사
코치	팀
부모	자식
매판원	고객

　일방적인 자기 개념도 중요하지만 교수님 스스로가 학생과의 관계를 어떻게 의식하는가도 매우 중요합니다.
　대다수의 교수님들은 학생과의 관계를 위와 같이 의식하지 않을지도 모릅니다. 그러나 교수님들의 행동을 살펴보면 위와 같은 패턴을 찾아볼 수 있다는 것입니다.[4]
　여기서 잠시 책에서 손을 놓으시고 교수님 자신과 학생과의 관계를 이미지로 떠올려보십시오. 어떤 모습이 그려지십니까?

---

4) Sprinthall, R. and N. Sprinthall, *Educational Psychology: A Developmental Approach*, 3rd ed. Reading: Addison-Wesley(1981).

교사의 원형을 생각해 본다

액설로드(Axelrod)의 연구에 따르면 교사들이 자기 직업의 본질에 대해서 가지고 있는 네 가지의 서로 다른 원형(prototype, mental image)이 있다고 합니다.

원형 1. 내가 알고 있는 것을 가르친다

이 유형의 교사들은 가르치는 내용에 치중합니다. 그리고 그들의 주요 기능은 주제 내용에 대한 정보를 제공하는 것입니다. 교사를 하나의 기능직으로 본다면 별 문제가 없겠지만 배우는 학생들의 입장에서 볼 때에는 가장 졸리고 하품 나는 수업이 되기 쉽습니다.

원형 2. 나 자신을 가르친다

이 유형의 교사들은 핵심만 다루되 훈련된 학자(즉 교수님 자신)가 수업에 가르칠 주제를 어떻게 다루는가에 초점을 둡니다. 이럴 경우 자칫하면 교사의 주관적 해석에 치우칠 수 있고, 때로 학생들에게 '자기 과시형'이나 '자아 도취형' 교사로 비쳐질 수 있습니다. 강의중에 자신의 경험이나 에피소드만 예로 들면 학생들은 처음에는 흥미를 보이다가 점점 관심을 보이지 않게 됩니다.

원형 3. 나는 사고력을 단련한다

이 유형의 교사들은 학생들에게 전문가가 이 주제에 관한 자료들을 어떻게 다루는가, 또 같은 맥락에서 교육받은 사람이 학습에 어떻게 임하는가를 보여주기 위해 교사 자신이 직접 모범을 보입니다. 대체로 이들은 인지 발달(cognitive development)을 강조합니다. 그래서 학생들이 수업 주제 내용에 대해서 무엇을 아는가보다는 '어떻게' 지식을 습득하는가에 역점을 둡니다. 이와 같은 유형의 수업 방식은 대학원 학생처럼 이미 기본 지식이 있고 학습 목표와 동기가 뚜렷한 학생들에게 아주 적절한 방법입니다. 그러나 대다수의 학생들은 아직 '사고력을 단련시킬' 준비가 덜되어 있는 상태라서 힘들어할지도 모릅니다.

원형 4. 나는 학생들과 인간적으로 함께 일한다

이 유형의 교사들은 전인 교육(development of whole person)을 목표로 합니다. 그렇기 때문에 두뇌가 성격과 분리되어 있다고 믿지 않습니다. 반대로 배운다는 것은 인지 발달과 비인지(non-cognitive) 발달이 동시에 이루어지는 과정이라고 봅니다. 따라서 가르친다는 것도 단지 수업 내용뿐 아니라 동기 부여, 학생들의 자긍심, 교사-학생의 상호 존중 등 여러 요소들이 합쳐진 총체성에서 이루어진다고 봅니다.

수업 내용이나 대상에 따라 어떤 원형의 교수상(像)을 가질지는 교수님 스스로 정하실 일입니다. 참고로 말씀드리면 대학생들이 가장 선호하는 교수님의 유형은 원형 4로서, 교수님을 '인간적'으로 믿고 존경할 때 학생들의 학습 효과가 가장 높을 뿐 아니라 오래 지속되는 영향력을 받는다고 합니다.

3
나는 얼마나 유능한 교사인가

유능한 교사의 핵심 특성

학생들을 위한 배려, 수업 내용에 관한 지식, 흥미 유발, 학생들에게 충분한 시간을 할애함, 토론을 장려함, 명확하게 설명하는 능력, 열의, 준비.

유능한 교사의 핵심 특성에 대한 연구를 살펴보면, 위와 같은 여덟 가지 요소가 공통적으로 발견된다고 합니다.5) 그러나 이 여덟 가지 특성을 위처럼 한 줄로 나열해 놓고 보기에는 무리가 있다고 생각합니다. 왜냐하면 '학생들을 위한 배려'가 가장 중요하고, '열의'나 '수업 준비'는 별로 중요하지 않다는 인상을 줄 수 있기 때문

---

5) Axelrod, "On College Teaching by Patricia Cross", *The Journal of Engineering Education*(1976), 82:1, pp. 9.

입니다. 자칫 수업 준비를 소홀히 하거나 열의 없는 수업을 한다 해도, 학생들과 '정'이나 나누면서 자상하고 인심 좋은 교사라는 평을 받으면 '유능한 교사'라는 오해도 불러일으킬 수 있습니다.

핵심 특성 여덟 가지 요소는 모두 다 중요합니다. 또한 이 요소들은 순차적으로 연결되었다기보다는 각 요소들이 서로 유기적이고 상호 보완적으로 짜여져 있습니다. 따라서 다음과 같이 유능한 교사의 여덟 가지 핵심 특성을 이차원적으로 다시 정돈해 보는 것이 도움이 되겠습니다.

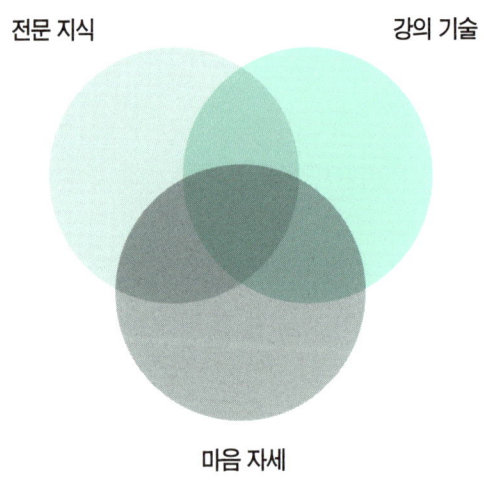

지적 영역 ——————— 전문 지식
정적 영역 ——————— 마음 자세
운동적 영역 ——————— 강의 기술

인간의 성장을 크게 셋으로 나누어 지적 영역(knowing), 정적 영역(feeling), 심리 운동적 영역(doing)으로 분류하듯이, 교사의 역할도 '전문 지식', '마음 자세', '강의 기술' 이렇게 세 영역으로 나누어볼 수 있겠습니다.

이 세 영역 위에 핵심 특성 여덟 가지 요소를 분배해 놓으면 아래와 같은 도표가 됩니다.

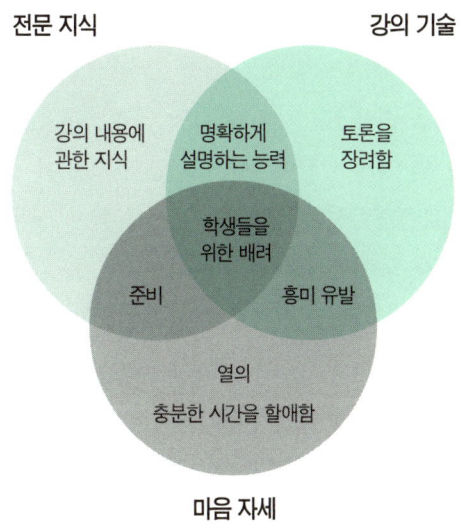

유능한 교사의 핵심 특성 여덟 가지 요소가 모두 다 중요하다는 점을 강조하기 위해서 이차원 도표를 만들어본 것입니다. 이렇게 보면 '전문 지식', '강의 기술', '마음 자세'의 세 영역이 공통으로 겹치는 부분이 결국 '학생들을 위한 배려'가 된다는 점이 한눈에 보입니다.

핵심 특성 여덟 가지 요소 가운데 '수업 내용에 관한 지식'은 '전문 지식' 영역에 속합니다. 그리고 '열의'는 '마음 자세' 영역에 들어갑니다. 그러나 '수업 준비'는 이 두 영역이 겹치는 소영역 안에 들어갑니다. 아무리 머릿속에 든 지식이 많아도 학생들을 위해 충분히 시간을 할애하는 마음 자세가 없다면 수업 준비가 제대로 이루어지지 않을 것입니다. 또 반대로 아무리 훌륭한 마음가짐을 가지고 있다 하더라도 전문 지식이 없으면 수업 준비를 할 수 없을 것입니다. 그래서 '준비'는 이 두 영역, 곧 '마음 자세'와 '전문 지식' 영역이 충분히 겹쳐져야 가능합니다.

'수업 준비'와 '흥미 유발'을 동시에 잘하려면 교사 자신이 열의적인 태도('마음 자세')를 가져야 하며, 또한 그 열의가 학생들에게 잘 전달될 수 있게 이끌어 나가는 '강의 기술'이 필요할 것입니다. 마찬가지로 '명확하게 설명하기' 위해서는 '전문 지식'과 '강의(전달) 기술'이 동시에 필요할 것입니다.

이런 맥락에서 볼 때 가장 중요한 특성인 '학생들을 위한 배려'는 단순히 학생들을 위하는 마음 씀씀이만을 뜻하는 것이 아니라는 것을 알 수 있습니다. 유능한 교사는 학생들에게 '무엇(전문 지식)'을 '어떻게(강의 기술)' 가르칠 것인가를 아는 동시에 이를 행동으로 옮기고 싶어하는 마음 자세를 가져야 합니다. 요컨대 '학생들을 위한 배려'는 나머지 일곱 요소가 모두 골고루 공존할 때 비로소 이룰 수 있다는 뜻입니다.

앞서 말씀드린 유능한 교사의 핵심 특성 여덟 가지를 학생들의 관점에서 본다면 다음의 네 묶음으로 압축할 수 있겠습니다.[6]

• 강의 기술(skills)이란 흥미 있는 방법으로 의견 교환을 할 수

---

[6] K. A. Felman, "The Superior College Teachers from the Student's View", *Research in Higher Education*(1976), 5, pp. 43~88.

있는 커뮤니케이션 능력을 나타냅니다.
- 깊은 믿음(rapport)이란 학생들의 처지를 느낄 수 있는 감정이입(empathy), 학생들과의 유대감, 그리고 학생들에 대한 배려를 포함합니다.
- 강의 구조(structure)란 강의의 짜임새(class organization)와 자료 보여주기(presentation of material)와 관련됩니다.
- 수업 부담(load)이란 수업량(workload)과 교사가 내주는 (instructor demand) 과제, 숙제, 출석 점검, 시험 등을 말합니다.

4
최고의 수업에는 핵심이 있다

훌륭한 강의의 핵심 요소

- 새로운 정보를 알려준다.
- 어려운 개념들을 설명하고, 명료화하고 정돈한다.
- 배움에 대한 존중심을 고취시킨다.
- 믿음과 생각하는 방법들을 다시 생각토록 한다.
- 더 깊게 연구하기 위한 열정과 동기 부여를 육성한다.

위에 나열된 요소를 유능한 교수의 핵심 특성에 비추어보면 다음의 그림처럼 정돈됩니다.

'새로운 정보를 알려주기'는 강의 내용에 관한 지식에서 비롯합니다. '어려운 개념들을 설명하고, 명료화하고 정돈하기'는 명확하게 설명하는 능력에서 나옵니다. 교수님께서 철저한 준비를 해오

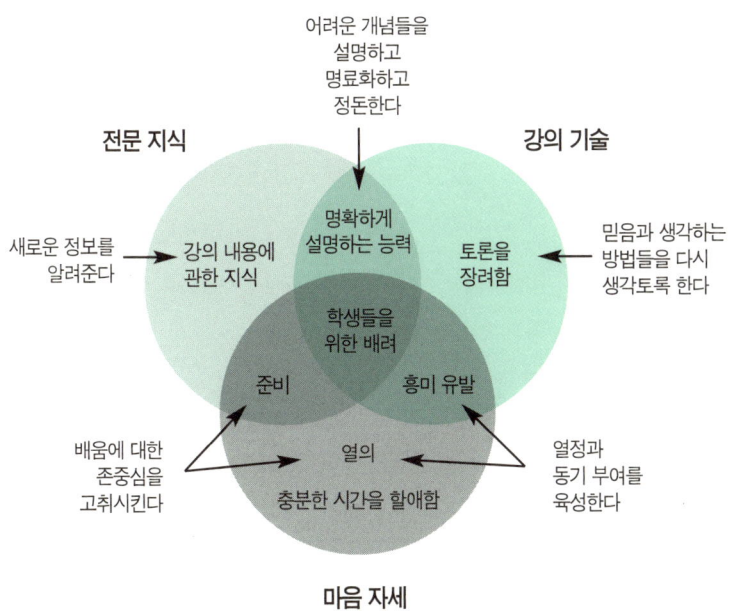

시고 또 수업 시간에 열의를 보이시면 학생들은 저절로 '배움에 대한 존중심이 고취'되는 법이지요. 교수님의 열의가 학생들에게 전달되어 수업이 흥미진진하게 진행되면 학생들 역시 학업에 열정을 보일 것입니다. 끝으로 '믿음과 생각하는 방법들을 다시 생각토록 하기' 위해서는 수업 시간에 토론을 장려해야 합니다.

효과적인 강의가 학생들에게 미치는 영향

다섯 가지 강의의 핵심 요소들은 교수님께서 하시는 행동을 나타냅니다. 그러한 행동들이 학생들을 향할 때, 과연 어떤 영향을 미치게 될까요.

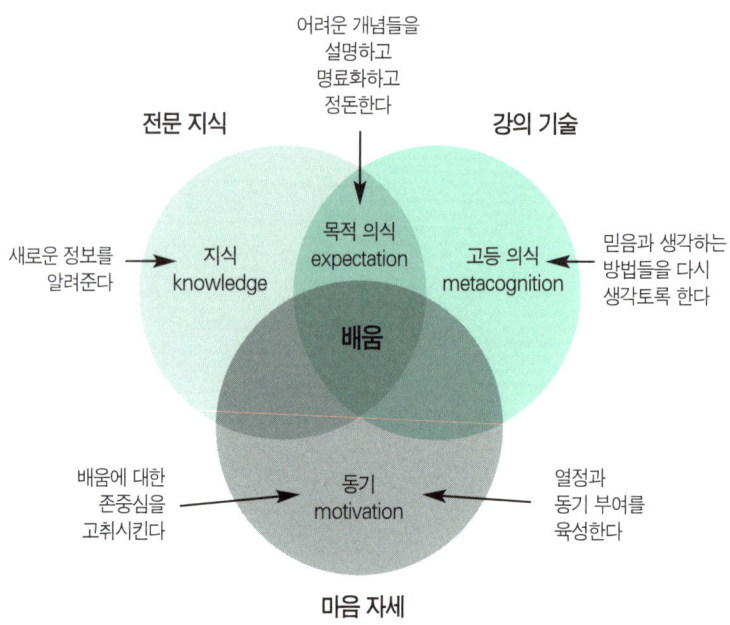

    '새로운 정보'를 알려주면 학생들은 지식을 얻게 됩니다. '어려운 개념들을 설명'하기 위해서는 학생들한테 배움의 목적이 뚜렷하다는 점을 전제로 합니다. 배움에 대한 존중심과 열정은 학생들의 동기를 뜻합니다. 그리고 '믿음과 생각하는 방법들을 다시 생각토록 한다'는 말은 고등 의식을 나타냅니다. 그저 생각토록 한다가 아니고 '생각하는 방법을 다시 생각토록 한다'입니다. 좀더 높은 차원, 자신이 생각하고 있다는 자체를 의식하는 차원입니다.

    훌륭한 강의란 학생들에게 무엇(전문 지식)을 어떻게(테크닉) 배운다는 것과 그것을 배우고 싶어하는 마음(태도)을 전달하는 것입니다. 결국 유능한 교수의 핵심인 세 영역이 학생들에게 고스란히 전달되는 셈입니다. 이렇게 보면, 교육의 최종 목적은 학생 스스로가 교육의 책임을 갖도록 하는 것입니다.

5
강연 공포증 극복하기

최근에 어느 교수님의 강의를 관찰할 기회가 있었습니다. 그 교수님의 목소리는 처음부터 끝까지 떨렸습니다. 목소리뿐만 아니라 가끔 강의 노트를 쥔 손마저 부들부들 떨었습니다. 이러다가 교수님이 '깨지지' 않을까 하는 조바심 때문에 교수님의 말이 귀에 잘 들려오지 않을 정도였습니다. 아마 교수님께서 처음 강단에 서신 날이었던 모양입니다.

저 역시 신임 교수였을 적에 강의하면서 상당히 많이 떨었던 기억이 납니다. 특히 강의실로 들어가기 직전의 초조함은 말로 다 표현할 수 없습니다. 손바닥과 발바닥이 땀에 축축하게 젖었을 뿐더러 속이 하도 메스꺼워서 구토증을 느낄 정도였으니까요. 아무튼 저는 많은 사람들 앞에 서서 말하는 것에 대한 두려움, 즉 '강연 공포증'을 심하게 느끼는 편에 속했습니다.

'강연 공포증'에서 비롯되는 이런 문제는 어느 정도 해결하실 수 있습니다. 몇 가지 방법을 소개합니다.

1. 초점을 자기 자신 대신 강의 내용에 맞춘다

목소리가 떨리고 있다는 사실을 알게 되면 자꾸 입에 신경을 쓰게 되고, 결국 혀가 뒤엉켜서 말까지 더듬게 됩니다. 또, 말이 헛갈려 나오니까 강의 내용은 더욱 뒤죽박죽이 됩니다. 떨리는 목소리에 더듬는 말, 그리고 두서없는 강의 내용…… 삽시간에 문제가 감당 못할 정도로 커집니다. 이것은 강의하는 자기 자신(자신의 초조함)에게 온갖 신경을 쏟고 있기 때문입니다. 신경을 자신에게로 모으지 마시고 강의 내용에 집중하거나 학생들한테로 확산해 보십시오. 소심한 사람도 자기가 진정 믿는 생각을 말할 때에는 자신있게 말할 수 있습니다.

2. 강의 순서를 적어둔다

강의 주제와 소제목을 칠판 한 구석이나 OHP(Over Head Projector)에 적어두어 언제나 볼 수 있게 하면 일단 신경 쓸 일을 한 가지 줄이게 됩니다. 그뿐 아니라 강의 순서(소제목 리스트)는 초조함으로 잠시 컨트롤을 잃게 되어도 강의를 다시 차분히 시작할 수 있게 해줍니다.

3. '강연 공포증'을 긍정적으로 받아들인다

강의를 하기에 앞서 아랫배가 뒤틀리거나 찌릿찌릿해 오는 이유는 교수님께서 소심해서가 아니라 훌륭한 강의가 되길 바라는 정성이 가득해서입니다. 사실 강의를 오래 하다 보면 이런 기분을 자주 느끼지 못합니다. 배짱이 늘어난 이유도 있겠지만 아마 뻔뻔해

져서가 아닐까 생각합니다. '대충 때우고 넘어가지!' 하는 마음이 있다면 조마조마할 이유가 없지 않습니까? 그러니 '강연 공포증'은 항상 최선을 다하고 완벽하기를 바라는 교수님만이 느낄 수 있는 현상입니다.

4. 연습한다

마지막으로 연습을 하셔야 합니다. 특히 '강연 공포증'을 많이 느끼는 편이면 마치 학생들 앞에서 강의하듯 소리 내면서 연습하셔야 합니다. 강의를 처음부터 끝까지 다 연습하는 것이 바람직하지만, 적어도 첫 10분 정도에 해당하는 강의는 연극 대본을 외우듯이 연습하셔야 합니다. 강의의 시작이 바라던 만큼 매끈하게 진행되면 어느덧 '강연 공포증'이 슬며시 사라져버리게 됩니다.

2장

학기 초반 강의 기술

1
학생들이 무엇을 배울지부터 알려라

지난 몇 년 동안 미시간 공대 교수들의 강의를 평가하면서 이상하다고 느낀 점이 있습니다. 미국 강의실에서 교수님들이 가장 자주 하는 질문은 "Do you have any question?" 또는 "Do you understand?"입니다.

이런 질문을 한 교수님은 대체로 세 종류로 구분됩니다. 질문한 다음 아무 대답이 없자 "학생들이 다 알아들었군" 하면서 흐뭇해하는 교수님, 미심쩍지만 할 수 없다는 듯 떨떠름한 표정을 하는 교수님, "어이쿠, 다행이다" 안심하면서 다음 주제로 재빨리 넘어가는 교수님.

흐뭇해하는 교수님은 대개 풋내기 신임 교수님입니다. 학생들의 무반응이 강의에 관심이 없다는 표시일 수도 있다는 것을 미처 터득하지 못하고, 오히려 강의 내용을 완전히 이해했다고 착각하는 것입니다. 미심쩍어 불편해하는 교수님은 적어도 교수의 본분을 지키려는 양심적인 교수님입니다. 다음 주제로 재빠르게 넘어가는 교수님은, 글쎄요.

사실 이 두 질문은 가장 자주 하면서도 또한 학생들로부터 반응(대답)을 가장 얻지 못하는 질문이기도 합니다. 그런데도 불구하고 교수님들은 이와 같은 질문을 수시로 반복합니다. 교수님의 질문에 반응이 없는 데에는 여러 가지 원인이 있습니다.

교수님이 아무리 훌륭한 강의를 준비해 왔다 하더라도 학생들이 반응을 보이지 않으면 아무 효과가 없습니다. 반응을 얻어서 교수님의 강의가 효력을 발휘하기 위해서는 다음 조건이 만족되거나 성립되어야 합니다.

- 교육 목적 세우기 : 학생들이 무엇을 배워야 하는가를 확실히 알려줘야 한다
- 주의력 끌기 : 학생들이 강의에 주의를 집중할 수 있도록 해준다
- 커뮤니케이션 기술 알기 : 비언어적 의사 전달 효력을 알아서 커뮤니케이션 효과를 높인다

이 장에서는 교육 목적 세우기에 대해 말씀드리겠습니다.

교육 목적 세우기

- 불명확한 동사를 피한다.
- 그 대신 구체적이고 명확한 동사로 나타낸다.
- 교육 목표 = 학습 내용(주제) + 최종 행동(동사).

- 최종 행동을 가능한 한 세밀하게 나타낸다.
- 최종 행동을 나타내는 동사는 블룸(Bloom)의 교육 목적 단계를 반영한다.

우리는 매일 엄청난 양의 정보를 대합니다. 무의식 상태에서 대하는 수만 개의 광고 외에도 우리는 의식적으로 텔레비전, 신문, 잡지들을 통하여 수많은 정보와 만납니다.

그러나 대부분의 정보는 하루이틀 지나버리면 잘 기억나지 않습니다. 재미있게 읽은 신문 기사라도 1주일 정도 지나면 기사를 재미있게 읽었다는 사실은 어렴풋이 기억하더라도 확실히 무슨 내용이었던가는 잘 기억나지 않습니다.

그러나 우리가 특정한 무엇을 꼭 알기 위한 확실한 목적이 있어서 신문 기사를 읽을 때, 다른 내용은 다 잊어도 그 내용만큼은 오랫동안 간직합니다. (사실 인간의 이러한 '선별적 기억력'은 필요한 내용을 쓸데없는 내용으로부터 구분시켜 주는 중요한 역할을 한다고 보는 학설이 있습니다. 아직 선별력이 없는 어린애들은 별별 시시콜콜한 내용을 다 기억하지 않습니까?)

강의도 마찬가지입니다. 강의 효과는 학생들이 목적 의식을 가지고 강의를 들을 때와 그냥 들을 때 큰 차이가 있습니다. 따라서 유능한 교수님은 매수업 시간마다 교육 목적을 학생들에게 확실히 전달하고 나서 강의를 시작합니다.

교육 목적이란 강의 주제만을 뜻하지 않습니다. 교육 목적에는 학생들이 어떤 주제의 강의를 들은 후 그들이 무엇을 할 수 있어야 하는가가 구체적으로 제시되어야 합니다.

이런 교육 목적이 뚜렷하지 않을 경우 교수님께서 "질문 없습니까?" 하면 학생들의 머릿속은 벙~할 것입니다. "교수님의 강의가 재미는 있었는데, 뭔가 많은 내용을 전달받긴 했는데 그 내용이 전부 다 똑같이 중요하지는 않았을 거고, 도대체 내가 무엇을 건졌어야 했지?"

교육 목적은 학생들이 이런 생각을 하게 하며 판단할 수 있는 기준을 제시하는 것입니다.

물론 학생들이 스스로 목적을 세우는 것이 바람직하겠지요. 그러나 불행하게도 많은 학생들의 경우 강의를 듣는 목적은 배움보다 졸업하기 위함입니다.

필수 과목이라서, 학점을 따기 위해서, 쉬운 과목이라서, 다른 과목은 마땅히 들을 만한 게 없어서 등 배움과 관계없는 목적은 '교육 목적'이 아닙니다. 그리고 교수님께서 강의를 시작할 때 "오늘 강의는 뉴턴의 법칙에 대해서입니다"라고 말씀하신다면 그 말 또한 교육 주제를 나타낸 것이지 '교육 목적'을 제시한 말은 아닙니다.

앞에서 교육 목적을 서술할 때 '불명확한 동사를 피하라'고 했는데 다음은 교육 목적을 쓸 때 되도록 피해야 할 불명확한 동사의 보기입니다.

불명확한 동사의 예:
배우다 이해하다 정말로 이해하다 인식하다 믿다
완전히 인식하다 중요성을 파악하다

'교육 목적(educational objective)'은 블룸이 제시한 용어로서 '학생들이 수업을 통해 어떻게 변화할 것인가'를 서술하는 문장입니다. 그리고 학생들이 학습 목적에 도달했음을 나타낼 방법을 제시하는 문장이기도 합니다. 따라서 학생들이 어떻게 평가를 받게 될지, 달성해야 하는 수준은 어디쯤인지를 표시하는 단어라고 볼 수 있습니다.

교육 목표 = 학습 내용(주제) + 최종 행동(동사)

교육 목적의 분류에는 크게 셋으로 나누어 지적 영역, 정의적 영역, 심리 행동적 영역이 있습니다. 이 셋에 각각 5~6가지의 세부 항목이 있습니다.

최종 행동을 나타내는 단어(동사)는 지적 교육 목적에 대한 블룸의 분류법에 따라 정하는 것이 바람직합니다.

지적 영역	정의적 영역	심리 행동적 영역
암기	감수	지각
이해	반응	태세
응용	가치화	유도 반응
분석	조직	기계화
종합	인격화	복합 외형 반응
판단		

1. 암기 학생들은 특별한 사실들, 이론들, 방법들을 배운다.
2. 이해 학생들이 기초 지식을 이해하는 것을 보여주기를 요구한다.

3. 응용   학생들은 실제 상황에서 그들의 지식을 적용할 것을 요구한다.
4. 분석   분석은 본질적으로 보다 진보된 '이해' 단계다. 학생들이 구성 성분 간의 자료를 구분하거나 나누며, 구조 또는 시스템을 구성하는 원리를 인식할 것을 요구한다.
5. 종합   학생들은 새로운 것을 만들고, 새로운 이론을 작성하기 위해 아이디어를 이끌어내며, 지금 알려져 있는 것을 능가하며, 새로운 통찰력을 제공하는 것을 배운다.
6. 판단   학생들은 판단의 기준을 생성하고, 심사숙고하고, 검토하고, 분석하며, 이 모든 것 가운데 가장 중요한 것으로, 성급한 판단을 회피할 수 있는 능력을 개발한다.

위의 암기 단계에서 판단 단계로 갈수록 더 높은 차원의 교육 목적입니다. 다음 예는 모두 뉴턴의 법칙을 주제로 삼았지만 학생들로부터 각자 다른 능력(실력)을 요구합니다. 모든 강의가 다 가장 높은 단계까지 도달할 필요는 없습니다. 각 과목과 강의마다 알맞은 단계가 있을 것입니다.

암기 단계	오늘 강의를 들은 후 학생은 뉴턴의 법칙을 나타낸 수식을 적을 수 있어야 합니다.	뜻을 몰라도(외워서라도) 어느 사실을 의식하고 있는 상태
이해 단계	오늘 강의를 들은 후 학생은 뉴턴의 제1법칙과 제2법칙의 차이를 말할 수 있어야 합니다.	어느 사실을 알고 있음을 전제함

응용 단계	오늘 강의를 들은 후 학생은 뉴턴의 법칙이 적용되는 3차원적 문제를 풀 수 있어야 합니다.	알고 이해하는 상태를 행동(능력)으로 나타냄
분석 단계	오늘 강의를 들은 학생은 뉴턴의 법칙을 속도의 함수로 요약할 수 있어야 합니다.	더 높은 차원의 능력
종합 단계	오늘 강의를 들은 후 학생은 고체학에서 사용한 뉴턴의 법칙을 유체학에서 사용할 수 있도록 개발할 수 있어야 합니다.	어느 사실을 근본적으로 이해하고 있기 때문에 다른 사실과 연관시킬 수 있는 능력
판단 단계	오늘 강의를 들은 후 학생은 뉴턴의 법칙이 유요한 범위를 측정할 수 있어야 합니다.	다른 사실과 비교하여 타당성을 결정지을 수 있는 능력

인지 수준을 표시하는 동사를 사용한다

1. 암기 계산하다 표시하다 읽다   반복하다
         정의하다 나열하다 인용하다 서술하다
         그리다   이름 짓다 회상하다 쓰다
         알아내다 가리키다 확인하다 추적하다
         기록하다 표로 만들다

2. 이해 연상하다 해석하다 비교하다 토의하다
         보관하다 대조하다 계산하다 구별하다

		예측하다	대비하다	묘사하다	
		어림짐작하다		차이를 말하다	

3. 응용	적용하다	고용하다	풀다	계산하다
	시험하다	사용하다	분류하다	묘사하다
	활용하다	완료하다	연습하다	작성하다
	시범 보이다	관련시키다		

4. 분석	배열하다	발견하다	분류하다	설명하다
	관련시키다	추론하다	변환시키다	분리하다
	분석하다	요약하다		

5. 종합	조정하다	개발하다	계획하다	연구하다
	결합하다	공식화하다	준비하다	설계하다
	구성하다	일반화하다	지시하다	조직하다
	만들다	통합하다	생산하다	명기하다

6. 판단	감정하다	등급 매기다	시험해 보다	판단하다
	권장하다	비평하다	측정하다	결정하다
	분류하다	평가하다	선택하다	

2
거시적 교육 목적을 세워라

지금까지 다룬 교육 목적은 매수업마다 있어야 하는 교육 목적입니다. 그러나 한 학기 전체에 대한 교육 목적도 있어야 합니다. 저는 강의 첫날에 다음 열 가지 전반적인 교육 목적을 나열하고 어떠한 목적이 그 과목에서 중요한가 지적합니다.

지식
1. 단순한 지식을 얻는다(Factual knowledge).
2. 상식, 이론, 원리를 배운다(Theories and Principles).
3. 그 학문의 전문가로 활약하기에 필요한 실력, 사고방식, 관점을 개발한다(Professional Skills and Viewpoints).
4. 그 학문의 전문가들이 새로운 지식을 추구할 때에 사용하는 과정을 배운다(Discipline's Methods).

일반적 능력

5. 수업 내용을 이용하여 문제 해결하기, 판단-결정하기, 합리적으로 생각하는 능력을 개량한다(Thinking and Problem Solving).
6. 창의력을 개발한다(Creative capacities).
7. 말하기와 글쓰기 실력을 향상한다(Effective Communication).

인간 발달

8. 책임 의식을 강화한다(Self-reliance, self-discipline).
9. 수업 내용을 자신과 연관시킬 수 있도록 한다(Interests, talents, values, etc.).
10. 지적, 문화적 행사에 대한 폭 넓은 이해심과 감수성을 키운다(General Liberal Education).

가르치는 과목에서 가장 중요한 항목 2개, 그리고 그 다음으로 중요한 항목 3개 정도를 선정합니다. 선정된 항목이 과목마다 다를 것입니다. 그리고 같은 과목이더라도 교수님마다 다를 수 있겠습니다.

예를 들어 열역학을 가르칠 경우 저는 가장 중요한 목적을 2번과 5번, 그 다음으로 중요한 것을 1번, 3번, 8번으로 정합니다. 그러면 학생들은 엉뚱하다는 표정을 짓습니다. 많은 이공계 학생들은 1, 2, 5번은 금방 이해가 가고, 3번도 어느 정도 이해가 가는데 8번은 아예 생각 밖이기 때문입니다.

사실 이런 교육 목표를 제시해야지만 몇 가지 오해에서 벗어날 수 있습니다. 제가 학생들에게 요구하는 항목 중에 100% 출석하기, 출석 못할 경우 반드시 사전 통보하기, 숙제 제때 제출하기, 예습해 오기, 시험 문제를 푼 후 자신 있는 문제만 제출하기 등이 있습니다.

이런 황당한 조건을 제시하면 학생들은 몹시 불쾌해합니다. 너무 심하다, 깐깐하다, 좀팽이 같다, 생긴 대로 논다 등 별별 악담이 오갈 수 있습니다. 제가 아무리 교육에 충실하고 싶어도 학생들 사이에 좀팽이라고 알려지고 싶지는 않습니다.

그래서 교육 목표를 자세히 설명합니다. 이러한 깐깐한 조건들이 그 수업의 전반적인 교육 목표 3번과 8번(professionalism)에 해당하는 행동이다 하면 그제서야 학생들이 이해하고 오해를 풉니다.

교육 목적은 크게 한 학기 전체에 대한 전반적인 목표와 매수업에 대한 구체적인 목표 이외에 1주일이나 시험 기간으로 단락을 구분해서 '중간' 교육 목적을 세우는 것도 효과적입니다.

교육 목적은 교수와 학생들을 공통된 목표로 이끌어줍니다. 그리고 한정된 시간을 가장 효율적으로 사용하기 위하여 주제들의 우선 순위를 배치해 주고, 학생들에게는 탁월한 학습 도움을 주며 시험 준비를 용이하게 해줍니다.

공학 인증 기준	
(1) 수학, 과학, 공학 지식을 응용할 수 있는 능력.	
(2) 자료를 이해하고 분석할 뿐만 아니라, 실험을 계획하고 수행할 수 있는 능력.	
(3) 요구된 필요조건에 맞추어 시스템과 요소, 절차를 설계할 수 있는 능력.	정의적 영역
(4) 여러 학문에 걸친 팀을 이루어 역할을 수행할 수 있는 능력.	
(5) 공학 문제들을 인식하고 공식화하고 해결할 수 있는 능력.	
(6) 직업적·도덕적인 책임에 대한 이해.	
(7) 효과적으로 의사를 전달할 수 있는 능력.	정의적 영역
(8) 전세계적인 관점에서 공학적 해결 방안이 끼치는 영향을 이해하기 위해 필요한 폭 넓은 교육.	정의적 영역
(9) 평생 교육에 대한 필요성의 인식과 평생 교육에 참여할 수 있는 능력.	정의적 영역
(10) 동시대에 토론되는 쟁점(issue)들에 대한 지식.	정의적 영역
(11) 공학 실무에 필요한 기술, 방법, 현대적인 공학 도구를 사용할 수 있는 능력	

✲ **잔소리 코너** ✲

이제까지의 교육은 (특히 이공계) 주로 지적 영역의 교육 목적이 부각되어 왔습니다. 그러나 지식 기반 사회의 교육에는 점차 정의적 영역도 중요해집니다.
한국공학교육인증원과 미국공학교육인증원(ABET)은 2000년도에 혁신적인 인증 기준을 세웠습니다. 이 기준에 따라 앞으로 모든 공대는 공학 프로그램을 이수한 졸업생들이 실제 공학 현장에 성공적으로 투입될 준비가 되었다는 것을 인정받아야 합니다. 그러려면 졸업생들이 옆의 표에서 볼 수 있는 능력을 가졌다는 것을 증명해야 합니다.
다섯 항목 정도는 '전통적' 공학 교육 프로그램의 범위 안에서 충분히 해낼 수 있습니다. 그러나 나머지 여섯 항목은 지금까지 부차적으로 여겨져 왔기 때문에 현재 교육 프로그램을 이수한 졸업생들이 그 능력을 가졌다는 것을 증명하기에는 역부족입니다. 따라서 미국 공대는 새로운 인증 기준을 충족시키기 위하여 교육 개혁을 대대적으로 시도하는 것입니다.

3
수업도 계약이다

　최근에 미국 대학에서 골머리를 앓고 있는 문제 중에 하나는 학생들의 낮은 출석률과 숙제에 대한 무관심입니다. 학생들은 수업을 두세 번 빼먹다 보면 자기도 모르는 사이에 '될 대로 되라' 식의 자포자기에 빠지게 됩니다. 이러한 학생들의 미지근한 학업 태도는 이미 '세계화'된 추세가 아닌가 싶습니다.
　저는 결석한 학생의 빈자리가 많이 보이면 맥이 풀리고 맙니다. 특히 빈자리는 강의실의 '기운'을 저하시키며 결국 출석한 학생들의 강의에 대한 열정과 존중심마저 저하시킵니다. 한마디로 '김이 새버리는' 것이죠. 그 반대로 수업에 대해서 시큰둥하던 학생들도 수업에 빠짐없이 참석하다 보면 그 수업만이라도 신경을 더 쓰게 된다고 저는 믿습니다. 그래서 저는 결석이나 부실 숙제를 철저히 예방하려고 노력합니다.
　프로젝트 리포트나 숙제를 학생들이 열심히 하도록 유도하는 방법은 차후 다루기로 하고 이번에는 출석률을 95%까지 올릴 수 있는 방법을 소개하겠습니다. 이 방법은 수강생 50명 이하인 수업에서 효과적인 방법입니다.

첫째, 수업 계약서를 준비한다

수업 첫날 A4 용지 한 장에 (1) 수업 목적, (2) 기대하는 교육 효과, (3) 목적 성취도 측정 방법, (4) 학점 산출 방법을 적어 학생들에게 나눠줍니다. 그리고 이것은 수업 '계획서'가 아니고 수업 '계약서'임을 강조합니다.

둘째, '기대하는 교육 효과'에 책임성(accountability), 전문성(professionalism), 또는 일에 대한 마음가짐(work ethics)을 포함한다

이러한 교육 효과가 왜 포함되었는가, 즉 타당성을 학생들이 충분히 이해하고 수긍할 수 있도록 설득합니다. '전문성 부재'가 한국의 문제라고 매스컴에서 자주 지적하고 있으니 학생들도 쉽게 동의하리라 생각합니다.

셋째, 전문성이나 책임성이라는 교육 효과는 '출석'으로서 측정한다고 명시한다

만일 학생이 졸업해서 회사원이 되었을 때에 자기 마음대로 회사를 결근할 수 있겠는가 반문하고, 전문성은 어느 날 갑자기 이루어지는 것이 아니라 습관이므로 항상 연습해야 한다고 덧붙입니다.

넷째, 학점 계산 방법에 출석 100%가 필수임을 명시한다

단 긴급한 상황이나 학교에서 인정하는(졸업반일 경우에는 취업과 관련된) 행사에 참가하기 위한 결석은 인정하나 반드시 사전 통보를 통해 허락을 받아야 한다는 조건을 추가합니다.

다섯째, 수업 계약서의 의미를 설명한다

수업 계약서는 학생과 교수 간의 약속입니다. 학생들은 이 수업 계약서를 받아들인다는 조건하에 수업을 듣는 것입니다. 만일 이 수업 계약서를 받아들일 수 없다면 다른 강의를 들을 것을 권합니다.

100% 출석 조건이 부담스러워 수업을 포기하는 학생이 몇 명 나올 수도 있습니다. 하지만 그 나머지 학생들은 교수님의 의도를 확실히 알게 되며, 출석은 반드시 해야 하는 것으로 인식하게 됩니다. 다음에는 출석을 시간 낭비나 타인의 도움 없이 체크하는 방법을 소개하겠습니다.

✻ 잔소리 코너 ✻

100% 출석은 학생들에게 자신이 택한 강의에 대한 학습 책임을 가지라고 요구하는 것입니다. '선택에 대한 책임'은 인지 발달 단계에서 가장 높은 단계입니다.

4
출석 체크도 요령이다

저희 대학에는 출석 체크를 의무적으로 할 필요가 없습니다. 얼마나 다행인지 모릅니다. 저는 출석 체크를 매수업마다 일일이 하는 것은 시간 낭비라고 생각하기 때문입니다. 그러면 출석 체크를 매강의마다 하지 않고도 100% 출석 조건을 어떻게 확인할 수 있을까요?

과목과 수강생 수에 따라 다른 방법을 채택해야 한다고 1장에서 말씀드렸듯이, 여기에 소개하는 방법은 수강생이 50명 이내일 경우에 효과가 있습니다.

1. 첫 2~3주 동안에는 매수업 시간마다 학생 대여섯 명의 이름을 돌아가며 불러 체크한다

이때 교수님은 이름과 학생의 얼굴을 연관시키려고(학생의 이름을 외우려고) 애쓰는 모습을 있는 그대로 보여줍니다. 사실 노력을 하면 적어도 서너 명 정도는 그 수업 시간 동안만이라도 외우게 됩니다. 학생들의 특징과 학생들이 앉은 자리와 이름을 연결하면 기억을 좀더 잘할 수 있을 것입니다. 그리고 이름이 기억나는 학생의 이름을 강의중에 가끔씩 부릅니다. 틀려도 괜찮습니다. 교수님께서 학생들 이름을 다 외우려고 노력한다는 인상을 남기는 것이 중요합니다.

1～2주 안에 20명 정도의 이름을 알게 되면 희한하게도 학생들은 교수님께서 모든 학생들의 이름을 외우고 있다고 지레짐작하게 됩니다. 강의실이 '익명의 모임'이 아닐 경우 학생들은 '땡땡이'치기 어렵게 됩니다.

2. 첫 2~3주 동안 수업 시작 전에 학생 수를 세어보고 수강생 수보다 적으면 빈 종이를 돌려 학생들에게 자신의 이름을 적어내게 한다

결석을 예사로 하던 풍토에 젖어 있는 학생들은 "설마, 100% 출석 조건을 교수님께서 그대로 이행하시지는 않겠지" 또는 "한번 빠졌다고 F 주시겠나" 하고 미심쩍어할 수 있습니다. 이런 안일한 생각을 재빨리 없애야 합니다.

저는 100% 출석 조건을 정말로 이행하겠다는 의지를 강력히 보여주기 위해 종이를 돌리면서 "지난 학기에는 100% 출석 조건에 걸린 학생 한 명에게 F를 줬는데……" 하고 혼잣말 비슷하게, 그러나 학생들에게 들릴 정도로 크게 말합니다. (물론 사실입니다.)

3. 첫 3~4주 동안 '1분 퀴즈'를 매주 한 번 정도 낸다

출석 체크를 하기 위해 빈 종이를 돌려 이름을 써내게 하는 방법은 '불신'을 전제로 합니다. 따라서 학생들과 교수님의 관계가 적대 관계로 발전할 수 있습니다. 반대로 1분 퀴즈(p.263 참조)는 학생들의 피드백을 얻는 이득과 동시에 출석 체크를 할 수 있는 일석이조의 효과를 보게 됩니다.

4. 1~2주에 한 번씩 예고 없이 치르는(surprise) 퀴즈를 낸다

이럴 경우, 퀴즈의 1차적 목표를 정하셔야 합니다. 만약 출석 점검이 주목적일 경우 퀴즈는 5분 이내에 치를 수 있도록 하면 좋습니다.

간단한 퀴즈일수록 채점하는 데 부담이 적기 때문입니다.

5. 얼굴과 이름을 매치 못한 학생의 이름을 수업중에 불러본다

"김 아무개 학생 어디에 있나요?" 하고 강의실을 둘러보면서 불러봅니다. 이 행동도 일석이조의 효과를 냅니다. 학생들은 '교수님께서 우리 한 명 한 명을 챙기신다'는 좋은 느낌을 받는 동시에 '어휴, 수업 빼먹으면 안 되겠네' 하고 생각하게 될 것입니다. 수업 시간에 부를 학생의 이름을 미리 정해놓으면 강의 도중에 이름을 선택해야 할 부담이 없어집니다.

첫 3주 정도 이런 방법을 동원해서 직접 또는 간접으로 출석 체크를 하시면 학생들은 그 수업은 빠지지 않는 습관이 붙게 됩니다. 그러면 3~4주 후부터는 출석에 대해서 별로 신경 쓰실 일이 없을 것입니다.

하지만 출석에 대해 방심하지는 마십시오. 학기 중간쯤에 학생들이 한두 명 슬쩍 빠질 때 교수님께서 모르시거나 모른 척하시면 수업 계약서의 위력이 급속도로 떨어질 수 있습니다.

사전 허락 없이 결석한 학생이 있으면 반드시 그 학생을 불러 이유를 물어봐야 합니다.

* 잔소리 코너 *

학생들이 수업을 빠지지 않고 출석하지만 만약 강의 내용이 '별볼일 없다'면 100% 출석 조건은 금방 '쥐와 고양이' 게임으로 전락해 버리고 말 것입니다. 이럴 경우 학생들은 별 이상한 결석 사유를 제출할 것입니다. 학기 중간에 할머니, 할아버지의 사망률이 비정상적으로 치솟고, 장례식에 참석하기 위해 급히 집에 가야 한다고 하는 학생들이 늘어날 것입니다. 따라서 위에 제시된 방법들이 얄팍한 '꿍꿍이셈'이나 저질의 심리전으로 타락하지 않기 위해서는 교수님의 진정한 노력이 뒷받침되어야 할 것입니다.

5
큰 그림부터 가르치자

　친구를 따라 북한산을 등산하다가 혼이 난 적이 있습니다. 친구는 북한산 길을 훤히 잘 알고 있었으므로 표지판 없는 길을 잘도 찾아내고, 갈래길이 나올 적마다 이 길은 무슨 성터로 가는 지름길인데 조금 험난하다는 둥, 저 길은 결국 같은 성터로 가지만 어느 약수터를 통해 돌아간다는 둥, 제게 매우 자상하게 가르쳐주기도 했습니다. 어떨 때는 세 갈래길이 나오기도 하고, 갈래가 다시 곧바로 갈래를 치는 바람에, 산을 조금 오르다 보니 완전히 '헷갈려서' 어디가 어딘지 모르게 되었습니다. 그저 친구가 "이 경치가 가장 멋지다" 하면 "그렇구나" 하고, "저 경치는 해뜰 때 보면 끝내준다" 하면 상상이 하나도 되지 않아도 고개를 끄떡였습니다.
　등산이 끝난 후, 온몸이 쑤시는 것을 봐서 제가 열심히 등산해서 산꼭대기까지 올라간 것은 틀림없는데 무슨 경치를 보고 즐겼는지 모르겠더군요. 확실히 본 것은 친구의 뒤통수였습니다. 등산길 지도라도 하나 있었으면 하는 아쉬움이 있었습니다. 지도가 있었더라면 위치가 파악되고, 갈림길의 연관성도 한눈에 보였을 것이고, 마음의 여유가 생겼을 테지요.

혹시 수업이 등산과 비슷하지 않은가 생각이 됩니다. 한 학기 내내 한 개념에 대한 내용을 배운다 하더라도 중간에 여러 하부 개념으로 갈래를 치고, 하부 개념은 다시 더 세세한 개념으로 갈래를 쳐나갑니다. 강의 내용을 훤히 잘 알고 계시는 교수님은 하부 개념 하나하나가 서로 어떤 관계를 가지고 있으며, 어느 부분이 가장 중요하고 '멋진' 부분인가를 알고 있지만 내용을 처음 대하는 학생들은 그저 그 내용이 그 내용으로 뒤범벅되어 보이기 일쑤일 것입니다. 숙제를 열심히 해서 A학점을 받았어도 과연 무엇을 보고 배웠는지 모를 수도 있습니다. 학생들이 확실히 본 것은 칠판에 뭔가 많이 쓰시는 교수님의 뒤통수가 될 수도 있습니다. 이때 강의 내용에 대한 지도(地圖)가 있으면 학생들에게 많은 도움이 되리라 생각됩니다.

개념 지도를 보여준다

강의 내용에 대한 지도를 conceptual typology, concept map 또는 conceptual framework라고 합니다. 저는 이 모든 것을 그냥 '큰 그림'이라 말하고 싶습니다. 강의가 시작되는 첫날에 그 과목이나 학문 자체의 중요성에 대하여 말씀하시는 것 이외에 그 과목이나 학문이 다른 과목이나 학문과 어떻게 연관되어 있는가를 설명해 주는 것입니다.

'큰 그림'은 강의 첫날뿐만 아니라 하나의 토픽을 끝내고 새로운 토픽으로 넘어갈 때에도 필요합니다. 몇 가지 예를 들겠습니다.

1. 다른 교과 과목들과의 연관성을 보여준다

이 과목이 다른 과목과 어떻게 연관되는지 교과 과정의 흐름을 설명해 주는 것이 좋습니다. 이런 내용을 말로만 설명하기보다 흐름도(flowchart) 같은 그림을 그려 보여주는 것이 훨씬 더 효과가 있습니다. 교과 과정 흐름도는 강의 첫 시간에 보여주시면 가장 유용합니다.

2. 수업 내용의 주요 개념이나 주요 토픽의 '족보'를 보여준다

이것은 특히 자질구레한 서브 토픽(sub-topic)이 많은 과목을 다룰 때 매우 효과가 있습니다. 하나의 토픽이 두세 갈래로 나누어지고, 또 갈래가 새로 갈래를 쳐나가는 경우, 특히 서브 토픽에 대하여 많은 시간을 할애해야 할 경우에는 학생들이 토픽과 서브 토픽을 혼동하기 쉽습니다. 따라서 새로운 서브 토픽이나 토픽으로 넘어갈 때 토픽의 '족보(taxonomy)'를 보여주면 학생들이 그날 강의의 '위치'를 제대로 파악할 수 있게 됩니다.

3. 교재 내용의 연관성을 다차원으로 다시 정돈(map)하여 보여준다

교재 내용(차례)이나 강의 내용은 어쩔 수 없이 순차적으로 정돈되어 있습니다. 순차적(sequential)이란 1차원적이란 말이 됩니다. 하지만 교수님께서 학생들에게 2차원이나 3차원적으로 정돈해 보여줄 수도 있습니다.

예를 들어 교재에는 내용이 개념1--응용1--개념2--응용2--

개념3--개념4--응용3&4--개념5-- 등의 순서로 전개된다면, 교수님께서는 내용을 개념 차원과 응용 차원으로 재정돈할 수 있겠습니다.

강의 요약 노트를 준비한다

아마 교수님들은 각자 강의 노트를 특성 있게 준비하시겠지요. 큰 골격만 대충 준비하는 교수님이 계시는가 하면, 강의 내용을 마치 연설문 준비하듯이 말 한마디 한마디 노트에 꼼꼼히 적는 교수님도 계시리라 생각됩니다.

저는 강단에 선 처음 1～2년 동안에는 모든 강의 내용을 일일이 노트에 적었습니다. 말로 전달할 내용은 제 특유의 말투로 적고, 칠판에 쓸 내용은 따로 표시해 놓았습니다. 학생들에게 던질 질문도 준비하고, 예상되는 응답에 대한 코멘트도 미리 준비해 두었습니다. 강의 중간에 써먹을 유머나 농담마저 어느 시점에 할지 강의록의 해당 부분에 적어넣고, 유머의 타이밍까지 미리 연습했습니다. 학생들 눈에는 유머가 마치 즉흥적으로 나온 것처럼 보이도록 철저한 준비를 했던 것이지요. 강의 노트가 하나의 드라마 각본이었습니다.

이토록 철저히 준비된 강의 노트를 훗날 (같은 수업을 맡게 되었을 적에) 다시 보니 숨이 꽉 막히더군요. 물론 꼼꼼한 준비로 인해 수업은 아무 막힘 없이 술술 진행되었겠지요. 하지만 학생들은 교수님께서 건네주는 정보 쪼가리를 날름 받아 삼키긴 했을지언정 의문나는 점이라든지 좀더 알고 싶은 내용이 있어도 그냥 지나치고 말았을 것입니다. 빈틈없이 짜여진 수업, 즉흥적인 유머마저 각본대로 진행되는 수업 도중에 학생들이 질문이나 의견을 제시하기가 쉽지 않았으리라 생각됩니다. 분명히 그 수업은 일방적이었을 것이며, 강의실은 교수-학생들의 '지적 어울림'의 장소라기보다는 '지식 도매상점'에 가까웠을 것입니다.

그래서 같은 과목을 두 번째 강의할 적에는 예전 강의 노트를 읽고 강의 내용을 다시 한 페이지 정도로 축소하였습니다.

강의 내용에 대한 큰 그림에는 다음 항목이 담겨져 있습니다.

1. 전번 강의의 결론
2. 오늘 강의의 주요 목적
   - 이슈(오늘 이룰 강의 목적이 어떤 중요성을 갖는가, 전번 강의 내용과 무슨 관계가 있는가)
   - 소제목(목적에 도달하는 과정을 순차적으로 적음)
   - 예, 응용
3. 다음 강의의 주요 목적

핵심 내용을 설명하기 위한 예와 응용 문제를 여러 개 준비하면 한둘만 다루든지 혹은 서너 개까지 다룰 수 있는지 그때그때 상황과 시간 여유에 따라 정할 수 있게 됩니다. 한마디로 유연한 강의로 수업을 이끌 수 있다는 장점이 있습니다. 그러나 '강의의 내용 큰 그림'의 가장 큰 장점은 강의의 흐름이 한눈에 보인다는 것입니다. 오늘의 강의 내용이 전번 강의, 그리고 다음 강의와 어떤 관계를 이루고 있는가, 오늘 강의의 핵심 내용이 어떻게 전개되는가 등이 보입니다. 강의 내용의 순서가 뚜렷해야 내용의 전후가 매끈하게 연결될 것입니다. 또 그래야만 학생들도 강의 내용이 토막 난, 서로 무관한 정보 쪼가리가 아니라 서로 다차원으로 연결된 지식임을 느끼게 됩니다. 공자께서 교육의 4대 조건 중에 하나가 순서(順序)라고 하셨는데 현대 수업에도 꼭 맞는 말씀 같습니다.

6
교사의 분위기를 연출하라

　사람을 만나는 데 있어서 첫인상은 앞으로의 관계를 형성하는 데에 큰 영향을 미친다고 합니다. 강의도 마찬가지입니다. 첫날 첫 수업은 나머지 한 학기 수업을 이끌어 나가는 데에 결정적인 영향을 미칩니다.
　강의 첫날에 이루어야 할 가장 중요한 과업은 아마도 학생들과 신뢰감을 형성하는 것이 아닐까 합니다. 신뢰감은 교수님의 열의로서만 얻어낼 수 있습니다. 학생들은 멋쟁이 교수님이나 점수 후하게 주는 교수님을 신뢰하지 않습니다. 약삭빠른 학생들이라면 오히려 인심 좋을 듯한 교수님을 이용하려 들지도 모릅니다. 이것은 신뢰감하고는 거리가 먼 행동입니다.
　교수님의 열의를 단적으로 보여주는 행동은 첫날 첫 수업 시간에 시간을 정확히 맞춰 가는 것입니다. 물론 끝나는 시간도 엄수하셔야 합니다. 첫 시간은 으레 5~10분 늦게 나타났다가 몇 마디

실없는 말이나 주고받다가 30분 일찍 끝나는 줄 알고 들어왔던 학생이라도, '이 수업은 뭔가 다르구나'를 확실히 느낄 수 있다면 신뢰감은 반 이상 이루어진 셈입니다.

수업 시간을 지킨다는 것은 교수님이 학생의 시간, 수업료, 교육 목표 달성에 대한 의지, 책임감 등을 '행동'으로 보여주는 것입니다. 조교를 시켜 대신 출석을 부르는 것은 교수님이 학생의 얼굴을 보고, 이름을 부를 가치도 없다는 것을 학생들에게 고백하는 일입니다.

옷차림 신경 쓰기

"강의할 적에 넥타이를 매는 것이 좋은가요?"

저희 대학교 남자 신임 교수들이 제게 가장 흔히 묻는 질문 중에 하나입니다. 하지만 이 질문은 여자 교수님께도 다분히 적용됩니다. 이 질문의 요지는 교수가 정장을 하는 것이 바람직한가, 아니면 좀 느긋하게 평상복을 입어도 괜찮은가입니다.

한국에서는 대다수의 교수님들께서 정장을 하는 편이지만 미국에서는(특히 캘리포니아에서는) 교수가 헐렁한 반바지와 티셔츠 차림에 나막신 같은 뒤꿈치가 터진 신발을 끌고 강의실에 들어가기도 합니다. 상당히 다양한 복장이 눈에 띄기 때문에 선택의 여지가 있는 동시에 신임 교수들은 선택을 해야 하는 부담도 지게 되지요. 만일 넥타이를 매는(정장을 하는) 것이 강의 평가에 유리하다면 다소 불편하더라도 감수해야 하는 판국이니까요.

저는 청바지에 운동화 차림으로 강의하기도 하지만 거의 모든 강의의 첫 2~3주 동안은 빠짐없이 넥타이에 양복까지 차려입고 강의를 합니다. 그리고 학생 수가 많으면 많을수록 정장을 입습니다. 이유는 간단합니다. 학생들과 가까워지기 위해 그들로부터 최소 '안전' 거리를 미리 확보하기 위해서입니다. 뭔가 꼬인 말같이 되어버렸는데 설명해 드리겠습니다.

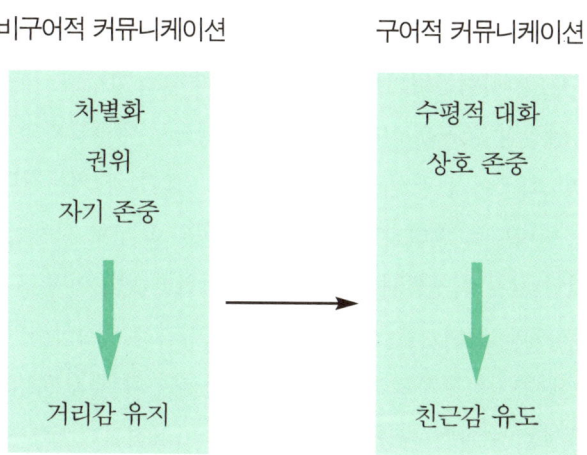

새 시대에는 교수님이 지식을 독점한 권위자로서 행세할 수 없습니다. 실제로 많은 권한을 지니고 있지 않기 때문에 학생 위에서 군림할 수도 없습니다. 새 시대는 연기자와 관객이 함께 어울리는 한국의 마당놀이처럼 강의실에서도 교수님과 학생이 지적 한마당을 이루어야 합니다. 따라서 교수의 목소리가 위엄에 꽉 차서 탁하게 나오면 안 되고, 교수의 눈이 경직된 목 때문에 학생들을 아래로 내리깔아 보면 안 되고, 교수의 몸짓에서 거드름이 묻어나면 안 됩니다.

하지만 교수님이 학생들을 동등하게 대히는 말투와 행동을 하게 될 경우 가끔 교수님을 얕잡아 보는 소위 '권위주의에 이미 길들여진 불쌍한 학생'이 나오기도 합니다. 왜 어린애와 놀다 보면 어른 머리 꼭대기로 기어 올라간다는 말이 있지 않습니까. 이런 경우를 예방하기 위한 방법으로 저는 옷차림을 통해 교수와 학생 사이에 선을 긋습니다.

옷은 사람의 취미나 선호하는 스타일을 나타내줄 뿐만 아니라 그 사람의 가치관과 심리 상태까지 보여줍니다. 그외에도 옷은 신분을 구분해 주고, 사람들간의 거리를 조정해 주기도 합니다. 저는 옷의 이러한 상징적 효과를 이용하여 비록 언행으로 학생들과의 거리를 좁히지만 비구어적 메시지로 최소한도의 거리를 지켜나간다는 뜻입니다. 한마디로 말하자면 옷차림을 강의의 도구로 사용할 수 있다는 것입니다. 학생들과 서로 존중하기 위한 방법이며 교수님과 학생들 사이의 분위기를 조정해 주는 방법이라고 생각합니다.

만일 교수님의 옷차림이 이미 정장인데 말투와 행동 하나하나 저도 학생들 눈에는 마냥 어려운 존재로 비쳐진다면 교수님과 학생들 사이는 멀어질 뿐입니다. 물론 존경의 대상은 되어도 교육 효과를 내지는 못하리라 생각됩니다.

✳ 잔소리 코너 ✳

무슨 학자가 옷차림까지 일일이 신경 써야 하다니…… 쯧쯧. 맞습니다. 공부하는 학자가 옷차림에 신경 써서야 안 되겠지요. 하지만 자신의 옷차림마저도 학생들에게 영향을 미친다는 점을 알기 때문에 옷차림에 신경(마음) 쓰는 것하고, 겉멋을 부리기 위해 옷차림에 신경(돈) 쓰는 것은 질적으로나 금전적으로나 상당히 다른 문제라고 생각합니다.

열의를 보여라

동작을 활기차게 하고, 목소리도 크게 합니다.
수업을 정시에 시작하고, 정시에 끝냅니다.
이 수업이 더 큰 교과 과정의 어떤 부분에 해당하는지 그 관련성을 보여줍니다.
어떤 배경적 지식이 필요한지를 알려줍니다.
각 단락들이 어떻게 연관되는지를 보여줍니다.
이 과목에서 다루는 지식이 어떤 구조로 짜여졌는지를 보여줍니다.
이 과목에서 배운 지식을 실생활 어디에 적용할 수 있는지를 보여줍니다.

교수님의 열의는 또한 그 과목에 대한 성의와 열정으로도 전달됩니다. 학생들은 우선 교수님이 이 과목이 다른 과목과 어떤 연관을 맺고 있는가 '큰 그림'을 보여줄 때 이 과목에 대한 '가치'와 '중요성'을 느낄 수 있을 것입니다. 그리고 이 큰 그림을 놓고, 매수업이 어떤 식으로 짜여져서 다른 학문과 연계성을 갖게 되는가를 설명하고, 궁극적으로 이 과목을 통해 실생활에 어떤 의미를 얻을 수 있는가를 설명해 줄 때 그 수업에 대한 학생들의 동기를 유발시킬 수 있을 것입니다.

이런 일을 하자면 다른 어느 수업 시간보다 더 철저한 첫날 강의 준비가 필요합니다. 따라서 늦게 나타나거나, 조교를 대신 보낸다거나, 일찍 수업을 마칠 여유가 없게 되는 것입니다.

교수님이 이런 열의를 보인 다음에는 반드시 학생들에게 기대하는 점들을 명확하게 알려주셔야 합니다. 출석을 엄격하게 체크할 것이라든지, 예습해 올 내용, 준비 없이 수업에 들어올 경우 어떤 각오를 해야 할지, 시험은 얼마나 자주 볼지, 학습량은 대략 어느 정도인지 등을 구체적으로 알려주고, 이런 학습량을 통해 도달하고자 하는 목적을 설정해 줍니다.

끝으로 교수님의 열의만큼 따라올 용의가 있는 학생만 수강 신청을 하고, 나머지 학생들은 수강을 선택하지 않도록 권하는 것이 좋습니다. 이것은 강요가 아닌 선택인데, 사람들은 누구나 자발적인 선택에 대해서는 동기도 높고 책임 의식도 뚜렷해진다는 연구가 많이 있습니다.

말 한마디부터 신뢰를 쌓아라

학생이 칠판에 잘못 쓰인 오류를 지적할 때 교수님은 어떤 반응을 보이시나요?

(ㄱ) "그래? 어쩐지 뭔가 이상하더라니……" 하며 머쓱해한다.
(ㄴ) "아, 그렇군…… 여러분, 마이너스 5로 고쳐 써요." 하며 학생들에게 지시한다.
(ㄷ) "맞아요. 김 아무개 학생 지적대로 마이너스 5입니다" 하고 칠판에 고쳐 쓴다.
(ㄹ) "학생들이 졸고 있나 테스트해 본 건데…… 좋았어!" 하고 여유를 부린다.

반대로, 플러스 5가 맞는데도 불구하고 어느 학생이 "마이너스 5 아닌가요?" 하고 틀리게 지적할 경우에는 어떤 반응을 보이십니까?

(ㅁ) "……" 째려보며 인상 쓴다.
(ㅂ) "아닐 텐데……" 고개를 좌우로 흔들면서 혀를 찬다.
(ㅅ) "왜 그래야 한다고 생각하지요?" 하고 진심으로 묻는다.

교수님이 어떤 반응을 보이는가에 따라 학생들이 받는 인상은 매우 달라집니다.

- (ㄱ)은 교수님께서 자신의 잘못을 인정하기 싫어하는 것처럼 보입니다.
- (ㄴ)은 자신의 잘못을 인정하지만 그 지적 자체는 하찮다는 인상을 줍니다.
- (ㄷ)은 지적해 준 학생을 간접적으로 추켜주고 있습니다.
- (ㄹ)은 재치가 있어 보이기는 하지만…….
- (ㅁ)은 "학생이 어디서 감히……" 하며 학생을 묵사발 만들고 있습니다.
- (ㅂ)은 학생을 간접적으로 무안하게 만듭니다.
- (ㅅ)은 학생이 스스로 잘못을 알 수 있는 기회를 주고 있습니다.

저는 위의 시나리오를 대부분 다 써봤고 써야 할 경우가 있다고 생각합니다. 하지만 강의 첫 2~3주 동안, 학생들과 교수님의 관계가 형성되는 기간에는 (ㄷ)과 (ㅅ)를 주로 씁니다. 이 두 반응에는 일단 신뢰감이 기본적으로 깔려 있기 때문입니다.

교수님과 학생들 사이에 신뢰감이 형성되어야 교육 효과가 높아집니다. 신뢰감이 낮으면 교수님과 학생들 사이에 문제가 생길 경우 쉽게 풀릴 문제마저 꼬이게 될 수 있습니다. 물론 신뢰감 형성은 다차원적으로 이루어지는 것이지만, 이런 대수롭지 않은 상황에서부터 기틀이 다져집니다. 학기 초에 교수님께서 위와 같은 상황에 어떠한 반응을 보일 것인가 미리 생각해 두시면 이런 상황이 벌어질 때 순조롭게, 그리고 좋은 방향으로 대처할 수 있게 됩니다.

✳ **고난도 기술** ✳

판서를 가끔 일부러 틀리게 해서 토의를 유도하는 고난도 기술도 있습니다. 이런 경우, 틀린 부분은 그냥 맞고 틀린 차원을 넘어야 합니다. 위의 예를 계속해서 들자면, 학생들이 수식을 암기하고 있지 않더라도 적어도 수식의 5가 왜 반드시 마이너스라야 하는가 식의 이론적 설명이 가능한 부분을 선택해야 합니다. 이런 경우, 일부러 학생들이 노트에 틀린 수식을 다 베껴 쓸 때까지 기다린 후 틀린 곳이 하나 있으니 찾아보라고 합니다. 경우에 따라 정색(최소한 이 정도는 알아야지), 또는 미소(이 정도 알면 다 배웠다!)를 지을 수도 있겠습니다.

7
권위도 전략이다

위엄 형성하기

제 연구실 옆방에는 신임 여교수가 있는데 실룩샐룩하는 모습을 자주 보게 됩니다. 학생들이 자기를 우습게 여기는 것 같아 화가 나서 견디기 힘들다고 합니다. 실력이 없거나 강의를 못해서가 아닙니다. 남자 천지인 공대의 여교수, 아직 여학생같이 앳된 얼굴과 조그마한 체구, 높은 목소리…… 이 모두 위엄과 거리가 멀고 강의실 분위기를 장악하기엔 부족하기 때문입니다. 그래서 이 신임 여교수는 매일 정장을 하고, 학생들이 자신을 부를 적엔 반드시 박사님이라는 칭호를 쓰게 하고, 학생들의 요구를 호락호락 들어주지 않는답니다. 그 자리에서 곧바로 해줄 수 있는 일도 일부러 하루라도 더 뜸을 들인 후에 해준답니다. 그러나 학생들이 여전히 자신을 무시하는 것 같은 느낌을 받는다고 합니다.

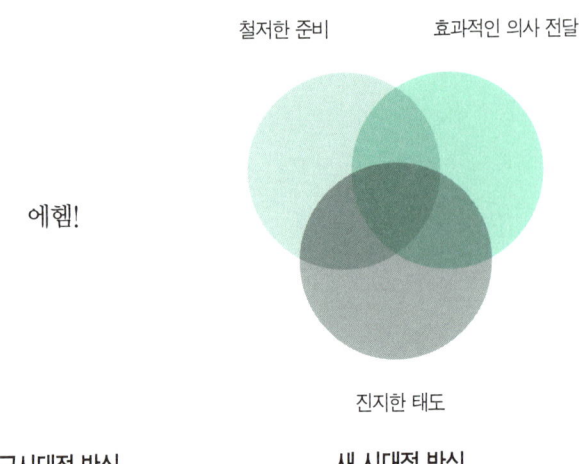

에헴!

구시대적 방식　　　　새 시대적 방식

　이와 반대로 거대한 체구에 무성한 수염까지 기른 어느 교수님은 학생들을 마치 친구처럼 격식 없이 대하였답니다. 그렇게 학기를 반쯤 보내다 보니 학생들이 자신의 친절을 너무 악용하기 시작하더랍니다. 강의실에 늦게 들어오면서 미안해하는 기색도 없고, 과제를 늦게 제출하면서 당연하게 생각하고, 옆의 학생하고 잡담은 예사였답니다. 이러면 안 되겠다 싶어 학기 후반부터는 학생들을 엄하게 대하기 시작했는데 효과가 없을 뿐더러 오히려 학생들과의 관계만 악화되어 입맛이 씁쓸하다고 합니다.
　그렇습니다. 강의실 분위기를 처음에 제대로 장악하지 못하면 강의실에 들어가기가 꺼려질 것입니다. 교수님이 너무 위엄에 차 있어도 문제지만 너무 위엄이 없어 보여도 문제입니다. 사실 어느 정도의 위엄이 적절한지 알기는 어렵습니다. 더욱이 위엄이란 절대적인 것이 아니고 상황에 따라 시시각각 달라질 뿐더러 엉뚱한 결과를 부르기도 합니다. 풍채 좋은 사람이 에헴 하는 것은 그럭저럭 봐

줄 수 있지만 왜소하기 짝이 없는 사람이 에헴 하면 어쩐지 저절로 웃음이 나오지 않습니까? 깔끔하게 정장 차림을 한 사람이 조용조용 주는 주의는 조언으로 들리는데 꾀죄죄한 사람이 째지는 목소리로 야단치면 괜히 신경질 부리는 것 같이 보일 수도 있습니다.

저는 저 자신에게 적절한 위엄의 정도를 찾아내기 위해 강의를 일단 상당히 엄숙한 분위기로 시작합니다. 앞서 말씀드렸듯이 첫 2~3주 동안에는 옷도 정장을 하고, 학생들 이름을 부르면서 얼굴을 익히려는 모습을 보이고, 완벽에 가까운 강의를 하고, 복잡한 수식을 강의 노트에 의존하지 않고 칠판에 거침없이 써 내려가고, 첫 강의인데도 꼬빡 한 시간 다 채우고, 첫날부터 숙제를 내줍니다. 일단 학생들이 교수님의 방대한 전문 지식과 철저한 준비로 압도당하게 합니다. 학생들이 교수님을 '괜히 집적대봤자 본전도 못 찾겠다'는 생각이 들 정도로 빈틈없는 강의와 정중한 대인 관계로 학기를 시작합니다.

하지만 한 2주일이 지나면서 서서히 '부드러운' 모습을 보이기 시작합니다. 중간중간에 학생들에게 숨돌릴 여유도 주고, 농담도 주고받고, 자신의 허점도 노출하고, 옷을 가볍게 입기도 합니다. 그러면 2~3주 안에 어디까지가 적절한 선인가가 나타납니다. 적절한 선에 도달하면 왠지 마음이 편안해지고 학생들이 교수님을 어려워하면서도 가까워지고 싶어하는 모습을 발견하게 됩니다.

이와 반대로 느슨한 분위기에서 엄격한 분위기로 가기는 거의 불가능하다고 생각합니다. 앞에서 소개한 두 교수님의 공통점은 바로 강의 도중에 학생들과의 관계를 엄중한 쪽으로 개선하려고 했다는 점입니다. 결국 같은 '위엄' 지점에 도달한다 하더라도 도달하는 방향에 따라 학생들이 받는 느낌은 상당히 다를 수 있습니다.

수업에는 권위도 필요하다

 교수님께서 수업을 효과적으로 이끌어 나가기 위해서는 권위가 필요합니다. 토머스 고든에 의하면 권위는 일반적으로 세 가지 근원에서 비롯한다고 합니다.
 첫 번째는 지식과 정보에서 비롯하는 권위이며, 그 예로 의사의 권위를 들 수 있습니다. 우리가 의사의 말을 고분고분 따르는 이유는 의사의 손이 약손이라기보다는 인체와 병에 대한 많은 지식과 의술에 대한 정보를 지니고 있기 때문일 것입니다. 변호사, 약사, 공인 회계사, 엔지니어, 자동차 정비사 등 소위 전문가라는 사람들은 대체로 '지식 권위(knowledge authority)'를 갖고 있습니다. 그들은 남에게 자신의 뜻을 강요할 수 있는 권한은 없고 다만 영향을 미칠 뿐입니다.
 두 번째는 벌과 상을 줄 수 있는 힘에서 비롯하는 권위입니다. 회사원이 상관의 뒤에서 "쥐뿔도 모른다" 또는 "치사하기 짝이 없다" 하며 욕을 할망정 그 앞에서는 찍소리 못하고 오히려 잘 보이려는 이유는 상관이 줄 수 있는 상(승진)이나 벌(퇴직) 때문일 것입니다. 이런 '권력 권위(power authority)'에는 강제성이 들어 있습니다. 회사원은 상사가 지시한 사항을 싫든 좋든 억지로 하게 된다는 뜻입니다.
 세 번째는 직책에서 오는 권위입니다. 위원회 멤버들이 위원장의 지시대로 회의를 진행하는 이유는 위원장이 대단한 인물이거나 무서워서가 아닐 것입니다(간혹 그런 경우도 있겠지만……). 단지 위원들이 회의를 진행하는 임무를 위원장에게 위임했기 때문입니다. 이런 '직책 권위(job authority)'는 서로 합의를 하지 않아도 관행으로 존중되기도 합니다. 따라서 직책 권위는 무의식적으로 이행되기 쉽습니다.

권위는 하나 이상의 근원에서 비롯할 수 있습니다. 예를 들어 우리가 복잡한 교차로에서 교통순경의 지시대로 차를 움직이는 이유는 첫째로 운전자는 교통순경의 지시를 따라야 할 의무가 있기 때문이지만 그들의 말을 듣지 않을 때에는 벌금을 물 수도 있다는 염려도 한몫 하기 때문이겠지요. 즉, 교통순경에게 직책 권위와 약간의 권력 권위가 있는 셈입니다.

이 세 가지의 권위를 두루 다 겸비한 직업이 하나 있는데 그것이 바로 교수(선생)님이 아닐까 싶습니다. 일단 전문 지식이 학생들보다 압도적으로 많고, 학생이 두려워하는 F학점을 마음대로 줄 수 있고, 부모의 지위와 맞먹는 스승이라는 통념이 있습니다. 그러니 교수님은 수업을 효과적으로 이행할 수 있는 조건을 다 갖춘 셈입니다. 어떻게 보면 교수님은 학생들에게 완벽한 독재자로 군림할 수도 있습니다.

하지만 독재자에도 종류가 있습니다. 존경받는 philosopher king이 될 것인가, 아니면 모두가 진절머리 치는 폭군이 될 것인가……. 이것은 부여받은 권위를 왜, 어떻게 쓰는가에 달린 문제라고 생각합니다. 유능한 교수의 핵심 특성 여덟 가지 중 '학생들을 위한 배려'가 가장 중요하다는 결론에 정답이 있는 듯합니다.

교수님에게는 지식 권위, 직책 권위, 권력 권위가 두루 있기 때문에 학생들을 매우 효과적으로 지도할 수 있지만 교수님에게 이 세 종류의 권위가 동등하게 필요하지 않습니다. 권위를 세우기 위해서는 다음 세 가지 사항을 고려해 보십시오.

지식 권위는 필수로, 직책 권위와 권력 권위는 부차적으로 생각한다

도올 김용옥의 〈노자와 21세기〉 강의를 예로 들어봅시다. 그의 강의에 많은 시청자들이 귀를 기울이는 이유는 그분이 무슨 명문대 교수이거나(직책 권위가 있거나), 열심히 듣지 않으면 벌을 받기(권력 권위가 있기) 때문은 아니겠지요. 도올의 권위는 주로 방대한 지식에서 비롯합니다. 하지만 도올은 자신이 동경대와 하버드대를 다녔다는 사실도 상당히 자주 언급합니다. 이 말을 듣는 시청자들은 세계 최고 명문대의 권위를 암암리에 느끼게 됩니다. 따라서 도올의 명문대 박사 학위는 직책 권위 효과를 어느 정도 발휘한다 하겠습니다. 또한 그의 강의 스타일에는 권력 권위도 어느 정도 있습니다. 왜냐하면 누가 도올의 강의 내용에 도전하고 싶어도 괜히 질문 하나 했다가 본전은커녕 무안당할까 봐 겁이 나기 때문이겠지요. (물론 성숙한 학자들끼리라면 서로 예리한 질문과 빈틈없는 비판을 하여 학문의 경지를 높여야 하겠지만······.) 그러나 이런 직책 권위와 권력 권위는 압도적인 지식 권위에 비하면 부차적이라 하겠습니다.

권력 권위를 부각시키지 않는다

학생들의 성적을 교수님께서 주기 때문에 교수님의 권력 권위는 이미 존재하고 있습니다. 교수님께서 아무리 내색하지 않아도 학생들은 교수님의 권력 권위를 항상 느끼게 됩니다. 그러니 교수님께서 그 이상의 권력 권위를 내세우실 필요는 없습니다. 예를 들어 학생들에게 공부 열심히 하라고 격려하는 방법이 여럿 있겠지만 그중 시험을 못 보면 낙제시킬 것이라는 으름장은 필요 이상의 권력 권위 행사입니다. 학생들은 이런 말에 부정적인 반응을 나타낼 확률이 매우 높습니다. 교수님의 으름장이 격려 대신 위협으로 받아들여질 수 있기 때문입니다. 교수님과 학생들 사이가 대립적이라면 바람직한 교육이 이루어지지 않겠지요.

지식 권위에 투자한다

사실 교수님의 직책 권위는 점점 떨어지고 있습니다. 교수 노조가 등장하고 있는 것만 보아도 쉽게 알 수 있는 현상입니다. 권력 권위도 점차 없어지고 있습니다. (초중고에는 체벌 금지가 되어 있고, 교수님께서 대학생을 야단치는 풍경이 사라지고 있지 않습니까.) 그러니 남은 것은 지식 권위밖에 없습니다. 지식 권위라고 하면 많은 것을 알고 있는 상태를 말하지 않습니다(이것은 구시대적 발상입니다). 새 시대의 지식 권위는 지식을 선별(판단)하고, 종합(통합)하고, 전달할 수 있는 능력을 뜻합니다.

> ✱ **잔소리 코너** ✱
>
> 자식은 어릴 때 엄하게 키우고 커서는 풀어줘야 하듯이 학생들과의 관계에도 바람직한 변화의 방향이 있다고 생각합니다.

> ✱ **또 잔소리 코너** ✱
>
> 학생들과 교수님 사이에 서로 존중해 주는 관계가 형성되면 강의실 분위기가 너그러움으로 환하게 피어납니다. 그러면 잘못이 용서되고 부족함이 용납됩니다. 틀림에 너그러움이 있어야 진정한 배움이 있게 된다고 믿습니다.

8
가르치는 사람이 수업 환경을 만든다

학생의 주의력을 이해하자

교사란 직업은 상당히 매력적이라고 생각됩니다. 강의를 할 때 수백 개의 초롱초롱한 눈동자가 온통 자신에게만 집중되어 있다는 사실을 의식할 때? 자기 입에서 흘러나오는 말 한마디 한마디를 빠짐없이 필기하는 '어여쁜' 학생들을 볼 때 느낄 수 있는 그 황홀함! 강의는 확실히 중독성이 짙은 직업입니다. 그러나 이런 환상을 깨부수는 모습이 가끔 눈에 띕니다. 아예 엎어져 자거나 옆 사람하고 속닥속닥거리는 '못돼먹은' 학생을 보는 순간 속이 확 뒤집어지지 않습니까?

교수가 강의를 아무리 열심히 준비했더라도 학생들이 강의 내용에 주의력을 모으지 않으면 헛된 일입니다. 강의 전날 밤새워 준비한 강의라면 더욱더 열이 뻗치겠지요. 그래서 야단치고 싶은 마음이 저절로 생깁니다. 그러나 아무리 야단쳐봤자 졸고 싶은 학생은 계속해서 졸게 됩니다. 다만 고개를 빳빳이 세우고 조는 기술을 터득할 것입니다. 눈을 부릅뜨고 졸 수 있는 경지까지 도통한 학생도 있습니다. 잡담하던 학생은 말소리 대신 쪽지를 돌리며 킥킥거릴 것입니다. 이럴 때 어이없어하거나 실망하거나 더 크게 야단치지 말아야 합니다. 왜냐하면 학생들의 그러한 태도는 너무나 당연하며, 괜히 윽박지르다가는 역효과만 날 수 있기 때문입니다.

주의력에 대한 연구를 보면 '주의력은 보다 더 관심을 끄는 대상에게 저절로 가게 된다'는 (너무나 당연한) 결론이 있습니다. '옮겨다니는' 주의력은 생리적 행위라는 말이기도 합니다. 깊은 생각에 잠겨 길을 걷다가도 자동차가 빵빵 하면 차 쪽으로 신경이 가게 되어 있습니다. 교수의 강의보다 옆 학생의 잡담이 더 흥미롭다면 주의력은 저절로 옆 학생에게로 쏠리게 됩니다. 그렇다면 강의 시간에 잡담하는 학생들을 야단치기보다는 자신의 강의가 혹시 지루하지 않았나(왜 학생들의 주의력을 얻지 못했을까)를 한번 반성해 보아야 합니다.

✻ 잔소리 코너 ✻

학생들의 주의력을 모으기 위해 학생들이 졸 때 야단을 친다거나 떠들 때 벌을 준다거나 하는 외부 강압적 통제 방법은 구시대적 방법입니다. 지식을 독점한 교수의 권위가 절대적이었을 때에나 효과적이었을 것입니다. (한때 학생들이 자신의 지도 교수를 '아바이'라고 불렀습니다. 교수가 학생들의 앞날에 아버지만큼 절대적인 행세를 하던 때의 유행어가 구시대의 학생-교수 관계를 적나라하게 보여줍니다.) 그러나 새 시대에는 교수의 권위가 '모범성'에서 나옵니다. 학생들을 윽박지르는 교수는 새 시대의 모범이 될 수 없습니다. 따라서 권위를 내세우는 교수는 학생들에게 무섭다기보다는 그저 이상하거나 불쌍한 존재로 비쳐질 따름입니다. 권위를 내세우다가 스스로 초라해지는 지름길인 것이지요.

교수가 반성해야 하고 주의 산만한 학생들은 전혀 책임이 없다는 뜻은 아닙니다. 학생들은 물론 배울 자세가 되어 있어야 합니다. 그러나 현실적으로 배울 자세가 부족한 학생들이 많습니다. 특히 초중고 때 예습 복습을 집에서 미리 다하고 학교에서는 별로 새로운 것을 배운 적이 없던 학생들이지 않습니까. 입시에서 진을 뽑았고 공부라면 진저리를 치는 학생들 아닙니까. 이런 학생들은 야단친다고 달라지지 않습니다.

이제 주의력에 대한 정보를 가지고 학생들이 강의에 집중할 수 있도록 유도하는 기술을 터득하면 이런 불상사를 예방할 수 있습니다. 공자님도 교육의 4대 조건의 하나로 '예방'을 꼽았습니다.

첫 수업이 좌우하는 수업 분위기

강의실 분위기는 학생들의 태도와 행동을 상당히 좌우합니다. 강의를 마지못해 듣는 학생도 다른 학생들의 모습에서 고조된 기대감, 짜릿한 긴장감, 적극적인 행동력이 느껴지면 계속해서 혼자 시큰둥하게 앉아 있지 못하게 됩니다. 남이 하지 않으면 자기도 하지 않고 남이 하면 우르르 따라 하는 군중 심리가 발동되기 때문입니다.

강의실의 분위기를 잡는 가장 중요한 기회가 강의 첫 시간입니다. 첫날 강의 시간에 학생들을 둘러보십시오. 학생들은 서로 곁눈질하기 바쁩니다. 이 수업을 앞으로 어떻게 할 것인가를 서로 눈치로 합의해 나가는 과정입니다. 대부분의 경우에는 첫 몇 분 안 되어 결정이 나버립니다. "다른 수업(교수)과 별 다를 것이 없다"와

"이 수업(교수)은 뭔가 다르다"로 나눠질 것입니다. 주의력은 '뭔가 다르다'라고 인식되는 대상한테 집중되게 되어 있습니다. 졸거나 신문을 보거나 잡담하는 학생이 없도록 하기 위해서는 강의 첫날부터 강의실의 학습 분위기를 다잡아야 합니다. 한번 흐려진 분위기를 훗날 잡기란 매우 어렵기 때문입니다.

강의 첫날에 학습에 유리한 환경을 조성하는 방법 중에 그 강의실에서 지켜야 할 '규칙 나열하기'가 있습니다. 모두들 이미 알거나 알고 있어야 하는 규칙이라도 다시 하나하나 짚고 넘어갑니다. 이때 가장 중요한 규칙 몇 가지만 언급하십시오. 제가 즐겨 쓰는 규칙은 단 둘입니다.

(ㄱ) 자신을 해치는 행동은 용납되지 않는다.
(ㄴ) 남을 해치는 행동은 용납되지 않는다.

✱ 잔소리 코너 ✱

아무리 학생들이 배울 자세가 되어 있고 강의실의 규칙을 잘 지키더라도 주의력이 산만해지는 경우가 있습니다. 차 소리가 심하게 들리는 강의실에서 학생들의 주의력을 강의에 집중시키기는 거의 불가능합니다. 주의력이란 정보를 받아들이기 위해 감각 기관의 안테나를 활짝 열어놓는 것인데 소음이 따라 들어옴으로써 정보 취재 기구(정신)를 혹사시키기 때문입니다. 이런 경우에는 교수법 기술을 달달 외운 교수도 학생들의 주의력을 끌 수 없을 것입니다.

그렇다고 두 손 바짝 들라는 말이 아닙니다. 배정받은 강의실이나 강의 시간을 쉽게 바꿀 수도 없기 때문에 어떻게 할 수 없다는 소극적인 태도는 자신의 강의가 효과가 없어도 괜찮다는 뜻이며, 그것은 학생들과의 만남이 무의미해도 좋다는 뜻으로 연결됩니다. 더 나아가 자신의 노력과 시간에 가치가 없다는 점을 인정하는 것입니다. 이것은 자신의 존재를 스스로 비하하는 행위입니다. 행정실에 적극적으로 항의해서 차의 통행을 줄이거나 방음 장치를 하도록 건의해야 합니다.

물론 위 규칙에 위반되는 예로서 졸기, 신문 보기, 잡담하기 등을 반드시 지적합니다(규칙에 어긋나는 행동의 규정은 각 교수님의 구호에 맞도록 정해도 좋겠으나 많으면 많을수록 신경을 많이 쓰셔야 합니다. 저는 강의가 끝나기 전에 책가방 챙기기, 사전 통고나 허락 없이 수업 빼먹기, 늦게 강의실에 들어오기 정도를 신경 씁니다). 그리고 첫 주에 규칙을 어긴 행동이 나올 때는 그냥 흘려보내지 말아야 합니다. '행동'을 지적하고 기본 규칙을 상기시켜 주십시오. 그러나 '학생'을 꾸짖지는 마십시오. 행동은 하나의 사건이지 한 사람의 전부가 아닙니다. 이렇게 1주일만 지나가면 강의실의 기본 환경은 정착될 것입니다.

수업 방법을 다양하게 사용한다

강의 내용이 기억에 남는 비율

읽기   10%

듣기   26%

보기   30%

보기와 듣기   50%

보기와 말하기   70%

말하기와 행동하기   90%

✽ 잔소리 코너 ✽

위에 게재된 방법은 요구 사항을 직접 전달하여 강의실 분위기를 조성하는 방법입니다. 그 외에 간접적으로 학습 분위기를 조성하는 방법이 많은데 차츰 다루겠습니다.

정보는 감각 기관을 통해 들어옵니다. 교수가 말로 설명하면 학생들은 청각 기관을 사용해야 합니다. 교수가 한 시간 내내 말로 강의할 경우 학생들의 청각 기관은 과부하 상태가 되며 이럴 땐 '감각 기관 자동 보호 시스템(신경 끄기)'이 작동하기도 하겠지요. 한마디로, 주의력의 용량에 한계가 있다는 뜻입니다. 따라서 교수는 학생들이 다양한 감각 기관을 사용해서 강의에 지속적으로 집중할 수 있도록 수업을 다양한 방법으로 진행해야 합니다.

가장 쉬운 기술은 정보 매체를 번갈아 주는 것입니다. 집중적으로 하다가 판서를 한다든지, OHP를 보여준다든지, 그리고 다시 말하기 위주로 되돌아가는 경우를 뜻합니다. 강의의 내용을 듣기 위주에서 보기 위주로 가끔씩 바꿔주면 학생들은 여러 감각 기관을 돌아가며 사용하기 때문에 쉽게 지치지 않게 됩니다.

그러나 듣고 보기 위주 강의는 그다지 효과적이지 못합니다. 학생들을 수동적으로 만들어버리기 때문입니다. 물론 학생들이 강의 내용을 노트에 필기야 하겠지만, 많은 경우 정보는 학생들의 눈과 귀에서 손가락으로 직통으로 전달되지 않는 것 같습니다. 정보가 교수의 노트에서 학생의 두뇌를 통과하지 않고 곧바로 노트로 전달될 바에야 아예 교수님의 강의 노트를 복사해서 학생들에게 나눠주는 것이 더 효율적이겠습니다.

가장 효과적인 강의는 학생들을 능동적으로 유도합니다. 강의 내용이 학생들의 두뇌를 거치고 그 결과 그들의 지식 구조에 변화가 일어나고 있다는 증거는 학생들의 행동에서 잘 나타납니다. 강의 내용이 기억에 남는 비율을 조사한 연구 결과는 왜 학생들이 수동적인 자세에서 벗어나 능동적으로 수업에 임해야 하는지 뚜렷이 보여줍니다.

'말하기'란 질문하기, 대답하기, 발표하기를 뜻하고 '행동하기'의 예로는 퀴즈 풀기, 문제 풀어보기, 실험하기 등이 있습니다. 그러나 큰 강의실의 경우처럼 모든 학생이 말을 할 수 없거나 해서는 안 되는 경우도 있습니다. 그럴 때는 학생들이 종이 쪽지에 질문과 코멘트를 짤막하게 적어 제출하도록 하는 방법도 있습니다.

행동을 통하여 주의 집중을 유지한다

학생들의 주의 집중을 위해 서 있는 자리를 옮기거나, 목소리에 변화를 주거나 학생들과 눈을 맞추거나 내용에 악센트를 주는 몸동작을 하는 등 몇 가지 기술이 있을 수 있습니다.

이런 기술은 자칫하면 쇼맨십에 그치기 쉽습니다. 모자에 달린 화려한 깃털같이 쇼맨십은 상대의 주의를 일순간 끌 수는 있어도 지속시킬 수는 없습니다. 학생들의 주의력을 통솔하기 위해서는 이런 기술의 바탕에 '진실됨'이 깔려 있어야 합니다. 우선 강의 내

* 잔소리 코너 *

지식 사회에서는 주의력이 '자원'의 차원에서 인식됩니다. 이 말이 주는 의미는 크게 두 가지입니다. 첫째, 주의력은 다른 모든 자원과 마찬가지로 한정되어 있음을 인정하는 것입니다. 둘째, 한정된 돈이나 시간과 같이 한정된 주의력을 어디에다 '투자'하는 가에 따라 결과가 크게 달라질 수 있다는 점입니다. 따라서 경영자가 지식 산업의 생산성을 높이려고 하면 종업원의 주의력을 주 업무에 모을 수 있도록 유도해야 합니다.
대학은 지식 사회의 기초 지식 산업입니다(이 말은 강의실이 졸업생을 생산해 내는 '공장'이라는 비유가 절대로 아닙니다. 지식 산업은 제조 산업과 기본적으로 다른 구조와 과정을 지녔기 때문입니다). 따라서 교수님이 하셔야 하는 역할 중에 학생들의 주의력 관리는 필히 포함되어야 합니다.

용이 알차게 준비되어 있어야 하며, 학생들이 질문과 코멘트를 할 때 진지하게 들어주는 자세를 가져야 하며, 평소에 학생들에게 시간을 충분히 할애하여야 합니다. 이것을 한마디로 압축하자면 교수의 행동에 '학생들에 대한 배려'가 전달되어야 한다고 말할 수 있겠습니다. 학생들은 자기들에게 관심을 보이는 교수님을 존경합니다. 그리고 사람은 대체적으로 자기가 존경하는 사람의 말을 귀 담아듣게 마련입니다.

제 결론은 이렇습니다. 학생들의 주의력을 얻기 바라시는 교수님들은 학생들의 존경심을 먼저 얻으십시오. 학생들이 배움을 소중하게 여기도록 하려면 교수님이 먼저 학생들을 소중히 여기는 법을 배워야 합니다.

이것은 말로 하기는 쉬운 듯하지만 노력 없이 되는 일이 아닙니다. 교수님이 무심코 던지는 말 한마디에도 학생들을 무시하거나 용기를 꺾는 메시지가 전해질 수 있고, 몇몇 학생이 상처받는 것을 보는 대다수의 학생들은 자기도 혹시 상처받을까 봐 교수님을 멀리하게 됩니다.

다음은 교수님들의 코멘트 중 학생들이 가장 듣기 싫어하는 말들입니다.

"야, 그게 말이나 되냐?"
"그렇게밖에 생각이 안 돼?"
"어쭈, 제법이네."
"니네들한테 답을 기대한 내가 잘못이지."

이렇게 부정적인 어투로 반박하거나, 능력을 평가 절하하거나,

비꼬는 말을 하는 순간 학생들은 교수님으로부터 멀어지게 됩니다. 반대로 학생들을 존중하고 잠재력을 키워주려는 말은 긍정적이고, 유연하고, 건설적인 내용들로서 학생들이 귀담아듣습니다.

그렇게도 생각할 수 있겠군요.
나는 그렇게 생각해 본 적이 없는데, 퍽 독창적인 아이디어군요.
지금 생각을 이러이러한 것과 연관시켜 보면 어떨까요?

요컨대 긍정적인 태도와 '열린 질문'으로 학생들을 대하게 되면 학생들은 해바라기가 태양을 향하듯 교수님을 향해 눈, 귀, 마음을 열고 몰두하게 됩니다.

9
질문을 통해
생각하는 방법 기르기

학생들의 반응 유도하기

교수님의 질문에 반응이 없는 데에는 여러 종류의 원인이 가능합니다. 반응을 얻기 위한 네 가지 방법이 있습니다.

학생들이 대답을 할 수 있는 질문을 한다
그냥 말끝을 올려서 상대로부터 대답을 요구하는 문구가 질문이라는 생각은 매우 초보적인 인식입니다. '질문'에는 대답의 여부, 교육 목적, 문답 대상 등 3차원적 요소가 있습니다. 어떻게 질문을 하느냐에 따라 학생들의 참여를 유발할 수 있고, 반대로 억누를 수도 있습니다.

도전적이지만 무비판적인 질문을 한다

학생들이 정말로 강의 내용을 완벽하게 이해했기 때문에 반응이 없을 수도 있겠습니다. 그러나 만약 그렇다면 강의 내용이 과연 학생들의 수준에 적합했는지, 또는 그들의 지적 발달에 기여했는지 의심스럽습니다. 따라서 질문은 학생들의 호기심과 도전 의식을 자극해야 합니다. 단, 차갑게 따지거나 꾸짖는 투가 아니고 따스함이 느껴지도록 해야 합니다.

학생들의 무반응을 용납하지 않는다

학생들의 무반응에 대한 교수님의 무반응이 강의실의 기본 분위기를 무반응으로 정착시킵니다. 다시 말하자면 학생들의 무반응은 학생들의 무반응이 용납되는 학교 분위기에 익숙해진 결과라고 볼 수 있습니다. 따라서 반응(대답)을 아예 바라지 않는 질문은 될 수 있는 한 피하는 것이 좋습니다. 물론 소크라테스식 질문이나 수사의문(rhetorical question)은 예외가 될 테지요?

강의 목적을 뚜렷하게 제시한다

강의 목적이란 강의 주제만을 뜻하지 않습니다. 강의 목적에는 학생들이 어떤 주제의 강의를 들은 후, 그들이 무엇을 할 수 있어야 하는가가 구체적으로 제시되어야 합니다. 강의 목표가 뚜렷하지 않을 경우 교수님께서 "질문 없습니까?" 하면 학생들은 그저 난감할 따름입니다.

'교수님의 강의가 재미는 있었는데? 뭔가 많은 내용을 전달받긴 했는데? 그 내용이 전부 다 똑같이 중요하지는 않았을 거고? 그런데 그중에서 내가 무엇을 건졌어야 했지?'

강의 목표는 학생들로 하여금 이런 생각을 하게끔 하며 스스로 판단할 수 있는 기준을 제시하는 것입니다.

질문하기

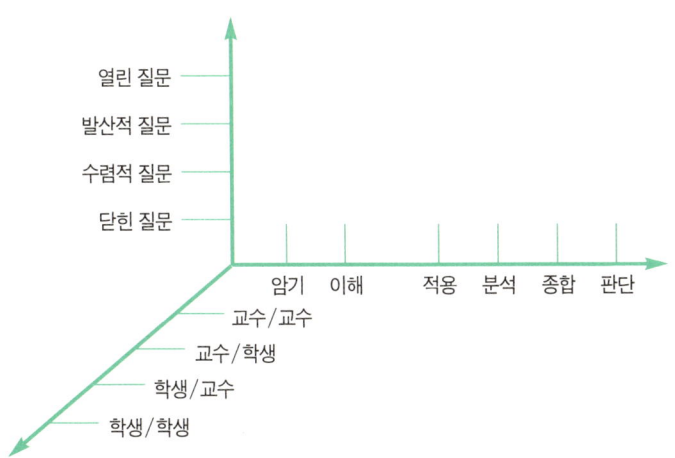

학생들로부터 반응을 얻기 위한 방법 중에 하나가 '학생들이 대답을 할 수 있는 질문을 한다'라고 하였습니다. 그렇다고 해서 "뉴턴의 법칙이 무엇입니까?"식의 낮은 수준의 질문은 하지 마십시오. 그런 질문은 해봤자 반응을 얻기 힘듭니다. 복습, 예습을 해온 학생들이 손들고 "저요! 저요!" 하진 않을 것입니다. 친구들에게 저 혼자 잘난 체한다고 욕먹기 싫을 테니까요. 공부를 하지 않은 학생들 역시 손을 안 들 테지요. 쥐뿔도 모르는데 정신나갔다고 손들고 설쳐대겠습니까? 그래서 정답이 뻔한 질문을 하면 대체로 반응을 얻기 힘듭니다.

1. 대답의 유형별로 질문을 구분한다

닫힌 질문 정답이 하나밖에 존재하지 않는 질문
- 삼국 통일이 몇 년도에 이루어졌습니까?
- 엔트로피가 증가하지 않는 경우는?

수렴적 질문 정답이 여럿 존재하는 질문
- 삼국 통일에 공을 세운 신라 장군은 누구누구입니까?
- 엔트로피 법칙을 수식으로 쓰면?

발산적 질문 정답이라고 볼 수 있는 대답이 여럿 존재하는 질문
- 당나라와 신라는 어떤 관계였나요?
- 엔트로피 법칙이 시간 개념에 주는 의미는?

열린 질문 정답이 아예 없는 질문
- 만약 백제가 삼국을 통일하였다면?
- 엔트로피 법칙을 사회, 특히 정치 현상에 비유한다면?

열린 질문 쪽으로 갈수록, 의견을 묻는 질문일수록 학생들이 더 많이 참여합니다. 정답이 있는 질문에는 대답이 틀릴 수 있다는 부담이 있습니다. 그러나 의견을 묻는 질문에는 적합한 정도의 차이는 있어도 틀릴 수는 없습니다. 일반적으로 부담을 적게 줄수록 학생들의 참여를 더욱 활발하게 유도할 수 있습니다.

2. 교육 목적 단계별로 질문을 구분한다

암기된 지식을 요구하는 질문은 학생이 예습, 복습을 했는가를 테스트할 뿐 학생들에게 지적 도전심(동기)을 유발하지는 못합니다. 학생들의 사고력을 테스트하려면 질문은 좀더 높은 교육 목적 단계로 올라가야 합니다. 그러나 내용을 겨우 이해할까 말까 하는 학생들에게 판단을 요구하는 질문을 하면 학생들은 포기합니다. 학생들의 수준을 감지하고 한 단계 정도 위로 끌어올리는 질문을 하면 학생들의 성취 욕구와 도전심을 발동시킬 수 있습니다.

3. 누가 질문하고 누가 대답하는가로 질문을 구분한다

교수/교수—교수가 질문하고 스스로 대답하는 경우
교수/학생—교수가 질문하고 학생이 대답하는 경우
학생/교수—학생이 질문하고 교수가 대답하는 경우
학생/학생—학생이 한 질문에 다른 학생이 대답하게 하는 경우

교수님께서 제시한 질문에 학생이 대답하면 일단 성공입니다.

그러나 저는 여기서 만족하지 않고 학생들에게 다시 질문합니다. "이 대답에 만족합니까?" 하고 학생들 스스로 판단하도록 합니다. 만일 "아니오"라는 평이 나오면 "왜 아닌가요?"라는 의견을 묻는 질문으로 다시 이어나갈 수 있습니다. "만족합니다"라는 평이 나오면 "어떻게 확신합니까?"라고 되물을 수 있습니다.

학생이 먼저 질문을 한 경우 교수님께서 대답하기 전에 다른 학생이 대답할 기회를 줄 수도 있겠습니다.

"누가 이 질문을 다른 각도에서 다시 질문하거나 대답해 보겠습니까?"

대답(정답)만 요구하지 않고 대답이 가능하도록 질문을 (이해하고 분석해서) 다시 해보라고 하는 고난도 기술입니다. 학생들 스스로 발산적이거나 열린 질문을 할 수 있는 기회를 교수님께서 자주 만들어주시는 것이 지식 기반 사회에 적합한 교육입니다.

교수님이 질문하고 스스로 대답하는 소크라테스식 질문이나 수사 의문은 매우 훌륭한 강의 방법입니다. 그러나 의도적으로 하는가, 아니면 하다 보니까 (반응이 없어서) 그렇게 되어버리는가 판단하시기 바랍니다.

질문 준비하기

강의 편성에서의 단계
- 주제를 선택한다.
- 강의 내용이 답변해 줄 유도성 질문을 설정한다(교육 목표).
- 유도 질문의 답을 한 문장으로 축소한다.

- 유도 질문에 대답하는 것을 돕기 위한 자료(그림, 도표, 공식, 연구 결과, 사진)들을 가능한 한 많이 준비한다.
- 교육 목표에 중요한 각 부분의 중요성을 설명하는 데 도움이 되는 상세한 세부 사항 내용을 준비한다.
- 세부 사항들이 교육 목표(주요 내용)에 기여하는 바를 요약한다.

질문은 수업을 이끌어가는 중요한 수단입니다. 수업중 상황에 따라 즉흥적으로 질문을 하거나 학생들로부터 질문을 받는 것도 중요하지만, 몇 가지의 질문을 미리 준비하는 것이 바람직합니다. 강의 노트를 준비할 때 강의 내용의 핵심을 다루는 질문을 설정하고, 그 질문 중심으로 내용을 엮으면 상당히 효과적인 강의를 할 수 있습니다.

이공계 과목 수업의 경우 예시 문제(example problem)가 유도성 질문을 대신할 수도 있습니다. 보통 교수님께서 강의 시간에 이론을 먼저 설명하고 나서 그 이론을 응용하는 문제를 학생들에게 풀어보게 합니다(subject-based learning). 그러나 반드시 그 순서대로 해야 하는 것은 아닙니다. 어떠한 문제를 미리 제시하고, 그 문제를 풀기 위해 필요한 이론을 토론하는 순서로 강의를 진행할 수도 있습니다. 후자의 경우를 '문제에 기초한 학습(Problem-Based Learning, PBL)'이라고 합니다.

학생들이 점점 실리주의로 가는 경향을 염려하는 교수님들이 많습니다. 학문의 가치를 다만 직업을 얻기 위한 수단으로만 생각하는 신세대 학생들이 한심하다고 하는 분도 계십니다. 그러나 다식한 사람은 굶고 다능한 사람이 우대받는 세상이 되었습니다. 이것저것 많이 아는 사람보다 한 가지라도 확실히 할 수 있는 사람(전문인)이 경쟁력이 있는 사회가 왔습니다. 유능한 교수는 신세대 학생들이 필요한 것을 그들의 의식 구조에 맞게 가르칩니다.

※ 잔소리 코너 ※

요즘 학생들은 그들이 당장 필요하다고 느끼지 않는 정보와 지식에 대해서는 별로 신경을 쓰지 않습니다. 그러한 학생들에게 '쓸모 없어 보이는' 지식을 가르치면 학생들이 따분해할 뿐더러 강의 효과도 없습니다. 이것은 요즘 학생들이 불순하고 배울 자세가 덜되어서가 아니라 그들의 필수 생존 전략이기 때문입니다. 정보화 시대의 학생들은 홍수같이 쏟아져 나오는 정보와 지식을 미리 배워놓을 수 없습니다. 그들은 자신이 필요한 정보와 지식을 그때그때 선택해야 한다는 것을 피부로 느끼고 있습니다. 그래서 신세대 학생들에게 걸맞은 수업 방식은 문제에 기초한 학습(Problem - Based Learning)이라고 생각합니다.

10
학생의 반응을 유도하고 답하는 기술

대답 유도하기

다음은 자주 벌어지는 시나리오입니다. 교수님께서 열심히 준비해 오신 질문을 학생들에게 척 던지신 후 기대에 부풀어 학생들의 대답을 기다립니다. 그러나 학생들은 그저 멍하게 앉아 있거나 교수님 얼굴만 빤히 쳐다봅니다. 질문한 후 강의실에 침묵이 흐르면 시간이 갈수록 초조해지는 것은 교수님 쪽입니다. 아무 반응이 없으면 교수님만 썰렁해지고, 5초가 마치 5분같이 지루하게 느껴지기도 합니다. 그래서 많은 교수님들이 질문을 한 후 몇 초 이상을 기다리지 않고 "예, 정답은 ○○○입니다" 하고 스스로 대답하고 맙니다.

이렇게 자문자답하기를 두어 번 반복하고 나면 그 수업은 구제불능입니다. 학생들은 "아, 이 교수님의 질문은 그저 조용히 앉아 있으면 저절로 답이 나와"라고 터득하고 학기말까지 '침묵 지키기' 작전으로 밀고 나갈 것이기 때문입니다. 학생들의 무관심에 가슴 아파하지 않으시려면 첫 강의 시간 첫 질문부터 학생들의 반응을 반드시 받아내야 합니다. 몇 가지 기술을 소개합니다.

반응이 나올 때까지 기다린다

질문 후 대답이 나올 때까지 무작정 기다리는 방법이 있습니다. 하지만 이 기술은 보통 '간 큰' 교수님 아니면 하기 힘듭니다. 왜냐하면 침묵이 흐르는 동안 결국 교수님은 학생들하고 '눈싸움'을 하게 되는데 대개는 교수님 쪽이 지게 되어 있습니다. 교수님 눈은 둘이요 학생들 눈은 수십 개, 수백 개가 아닙니까? 그 많은 눈이 교수님을 뚫어지게 주시하고 있으니 얼굴이 보통 두껍지 않으면 견디기 힘든 상황이지요. 그러나 그 고비를 잘 넘기면 보답을 받게 되어 있습니다. 진땀 빼는 교수님이 불쌍해서 '그래, 내가 대답해 주자' 하는 착한 학생이 나오게 마련이기 때문입니다.

대답이 나올 수 있도록 다시 질문한다

다시 하라는 뜻은 똑같은 질문을 더 큰 목소리로 하라는 말이 아닙니다. (물론 학생들이 질문을 듣지 못해서 반응을 보이지 않는 경우도 있습니다.) 제 뜻은 학생들이 좀 다른 각도에서 생각해 볼 수 있도록 질문 자체를 변화시켜 보자는 것입니다.

종합적인 대답을 요구하는 '큰' 질문은 부분적인 대답이 나오게끔 여러 개의 '조그만' 질문으로 분리할 수 있습니다. 뿐만 아니라 질문의 수준이 학생의 인지 발달 단계나 교육 목표 차원과 일치하지 않으면 학생들이 힘들어합니다. 그래서 질문을 학생들의 수준에 맞춰서 다시 할 수도 있습니다.

말의 '물꼬'를 틔워준다

반응이 없으면 학생들에게 1~2분 정도 옆의 학생과 의논하도록 지시합니다. 일정한 시간이 지난 후 한 학생을 지적해서 "옆 학생들하고 무슨 의논을 했느냐?"고 물어보면 그 학생은 비교적 쉽게 대답할 수 있게 됩니다. 자신이 대답을 미처 모르고 있어도 의논된 사항을 발표하면 되니까요. 그리고 자신이 어렴풋이 알고 있던 대답이면 다른 학생들하고 논의하면서 확신을 얻기 때문에 자신감이 생깁니다.

옆에 앉은 학생과 의논할 기회를 준다고 모든 학생들이 진지한 토론을 하는 것은 아니겠지요. 그러나 질문과 무관한 잡담이나 수다를 떤다고 하더라도 괜찮습니다. 단 1~2분 정도라도 학생들이 말할 기회를 주면 교수님의 일방적인 강의에 침체되어 있던 강의실 분위기를 다소 살릴 수 있습니다. 강의실이 왁자지껄해지면 졸던 학생들도 깨어나게 되니 이중의 효과를 보는 셈입니다.

✱ 잔소리 코너 ✱

미리 잘 준비해서 적절한 때에 질문할 수 있는 기술을 터득하는 것도 중요하지만 질문을 한 후에 학생들이 대답을 하게 유도하는 기술 역시 중요합니다. 위의 방법은 교수님의 의도('질문한 후 반드시 대답을 요구하신다'라는 메시지)를 학생들에게 확실히 전달합니다. 학생들의 무반응 습관은 학교에서 배운 것입니다. 그러므로 수업 시간에 반응을 보이도록 요구해서 지식 기반 사회에 걸맞은 '양방향적 학습 습관'을 지니도록 지도해야 합니다.

부담을 줄여준다

옆에 앉은 학생하고 토론할 기회를 주면 학생들은 지적을 당해도 부담을 적게 받게 됩니다. 이유는 두 가지입니다. 첫째, 처음에는 답을 몰랐지만 남과 의논한 후 적어도 할 말이 생긴 것입니다. 둘째, 비록 자기가 대표로 대답하지만 틀리면 옆 학생 탓이요, 맞으면 자신의 명예니 얼마나 마음이 편합니까. 대답을 '공동' 소유할수록 책임이 분산되어 부담이 적어집니다(아마 그래서 혼자 하려면 망설여지는 일도 여럿이 패를 지으면 서슴없이 하게 되는 모양입니다).

'단골' 틀린 답을 제시한다

"대답이 xyz라고 생각합니까?" 하고 일부러 틀린 답을 제시해 줍니다. 흔히 틀릴 수 있는 답을 제시해서 생각(정답)의 범위를 좁혀주는 작업을 할 수도 있고, 정반대되는 대답을 제시해서 학생들이 거꾸로 생각해 보게 할 수도 있습니다. 특히 학생들이 자주 실수하는 '단골' 오답을 기억해 두었다가 제시해 주면 같은 실수를 예방할 수도 있겠지요.

✻ 잔소리 코너 ✻

여러 사람들이 모인 장소에서 발언하는 습관이나 경험이 별로 없으면 말하기가 사실 두렵습니다. 대답을 알거나 자기 의견이 있다 하더라도 여러 사람들 앞에서 말할 생각만으로도 가슴이 두근거리고 심한 통증까지 느끼는 사람들이 의외로 많이 있습니다. 맥박이 너무 빨리 뛰어 현기증까지 나는 수도 있습니다. 급기야 화장실에 가야 할 일까지 벌어집니다. 그래서 마음을 가라앉히려고 애쓰거나 우물쭈물하는 사이에 말할 기회를 놓치고 마는 일이 허다합니다. 이런 불상사를 예방하기 위해서라도 교수님께서는 학생들에게 강의실에서 발언할 연습 기회를 많이 만들어주십시오.

반응 보이기

학생이 대답을 하면 교수는 그 대답에 피드백을 주어야 합니다. 교수님의 질문에 학생들이 여러 종류의 반응을 보일 수 있기 때문에 교수님은 만반의 준비를 하셔야 합니다.

정답이나 적절한 대답을 했을 경우 칭찬한다
모호한 말보다는 어떤 점이 좋은지를 구체적으로 지적하는 것이 바람직합니다. 단, 너무 과분하거나 과장된 칭찬은 오히려 비꼬는 것처럼 들릴 수 있기 때문에 자제하셔야 합니다.

칭찬의 효과는 칭찬하는 사람의 진실함이 좌우합니다. 그러나 똑같은 칭찬이라도 표현 방식에 따라 듣는 사람이 기분 좋을 수도 있고 나쁠 수도 있습니다.

모호한 칭찬	"좋다", "잘했다!"
구체적인 칭찬	"적절한 예를 들어주어서 좋다." "이유를 말해 주어서 좋다." "간단히 요약해 주어서 좋다." "질문의 본질을 정확히 파악했다."
과장된 칭찬	"야, 천재적인 발언이다." "귀신같이 알아맞혔네!"

학생이 못했을 때 격려해 준다

학생이 틀린 대답을 할 경우 "틀렸어!" 하고 강조하면 학생은 무안해합니다. "아닙니다" 하고 사실을 순순히 무비판적으로 지적하거나 "다른 대답은 없나요?" 하고 틀렸음을 비직선적으로 지적하더라도 역시 창피해합니다. 그렇게 두어 번 틀리면 그 다음부터 용

＊ 고난도 기술 ＊

칭찬을 노골적으로 하면 칭찬받는 학생이 불편해할 수 있습니다. 학생에게는 교수와의 관계보다 같이 수업을 듣는 다른 학생(친구)들과의 관계가 더 중요할 수도 있기 때문입니다. 때에 따라 은근한 칭찬이 더 효과적일 수 있습니다. 그리고 칭찬 자체가 또 하나의 질문으로 둔갑하여 강의실 내에 활력을 불어넣어 줄 수 있습니다. "예, 매우 좋은 대답이라고 생각되는데 다른 학생들도 그렇게 생각합니까?" (학생들이 고개를 끄덕거리면) "왜 좋은 대답이라고 생각합니까?" (학생들이 고개를 갸우뚱거리면) "보다 더 좋은 대답이 있습니까?" 여기서는 교수님이 칭찬을 의도적으로 모호하게 해서 학생들이 구체적인 피드백을 할 수 있도록 유도하는 것입니다.

은근히 칭찬하는 방법의 하나로 학생의 대답을 있는 그대로 교수님께서 반복하는 것이 있습니다. 반복할 때 교수님께서 고개를 끄덕거리거나 목소리에 좋은 대답을 들은 기쁨이나 반가움을 담으면 더욱 좋습니다. "모방은 가장 효과적인 아부[칭찬]이다"라는 말이 있듯이 자신이 한 말을 다른 사람이, 특히 '권위자'가 따라할 때 학생은 흐뭇해질 것입니다. 학생의 대답을 요약해서 칠판에 써보는 방법도 같은 맥락으로 말없이 효과적으로 칭찬하는 기술입니다.

＊ 잔소리 코너 ＊

칭찬을 잘 안 해본 사람은 칭찬하기를 매우 어색해합니다. 마치 아부하는 듯이 느껴져서 속이 메스껍고, (대학생일 경우) 다 큰 학생들을 어린애 취급하는 것 같아 유치하게 느껴지기도 할 것입니다. 그러나 칭찬에는 인색하지 말아야 합니다. 야단은 "이것은 안돼", "이렇게 하면 되나!"처럼 잘못에 초점이 맞추어지고, 그럼 어떻게 해야 하는가에 대한 정보가 없는 부정적 피드백 시스템입니다. 반대로 칭찬은 잘함에 초점이 맞추어지고 바람직한 사고와 행동을 재확인시켜 주는 발전 지향적 피드백입니다. 물론 두 가지가 다 필요하지만 학생들은 부정적 피드백을 너무 압도적으로 많이 받고 있지 않나 싶습니다. 새 시대 교수법을 실행하는 교수님만이라도 발전 지향적 피드백을 주셔서 균형을 이루어주시면 학생들의 학업에 큰 효과가 나타날 것입니다.

기를 잃고 소극적인 자세를 취하게 됩니다. 그러므로 틀림에 초점을 맞추지 말고 답을 맞힐 수 있도록 도움을 주어야 합니다.

"그 대답은 이러이러한 경우에는 적절하지만 질문은 저러저러한 경우니까 다시 한 번 생각해 보십시오."
"그 대답에서 xyz를 응용하면 되는데?"
"그 대답과 이것을 연결하면 좀더 정확한 대답이 나올 수 있습니다."
"조금 전에 나온 대답에서 한 단계 더 발전했군요."

학생이 질문을 파악하지 못하고 엉뚱한 대답을 했을 경우에는 순발력을 발휘한다
학생이 질문을 잘못 이해한 이유를 교수님 자신에게로 돌리거나 주변 환경으로 돌려 학생을 무안하지 않게 해줘야 합니다.

"내 질문이 조금 모호했던 모양이네요. 질문은 ○○○였습니다."

✱ 잔소리 코너 ✱

학생들은 칭찬에 상당히 굶주려 있습니다. 칭찬을 해주면 학습 동기가 유발됩니다. 그렇다고 칭찬을 남발하면 효과가 없어집니다. 칭찬할 때는 판에 박힌 투로 하지 말고, 특정한 이유를 들어야 효과적입니다. 또한 학생들은 강의 내용에 대하여 모르므로 틀릴 '권리'가 있습니다. 학생들을 야단치면 교수님 자신의 스트레스를 일시적으로 해소할 수는 있어도 학생들의 능률을 올리지는 못합니다. 그 반대로 불만을 털어놓거나 학생을 야단치면 학생-교수 간의 사이가 악화되고 결국 스트레스만 더 쌓이게 됩니다. 교수님은 학생들의 '모를 권리'를 인정해 주는 한편 '배워야 할 의무'를 지속적으로 상기시켜 주어야 합니다. 그러한 방법으로는 '잔소리'나 '연설'보다도 수업중에 보이는 교수님의 열의가 가장 효과적인 방법입니다.

"뒤에 앉아 질문이 잘 들리지 않았군요. 질문은 ○○○였습니다."

학생들과 좋은 유대감이 형성되었을 경우에는 재치나 유머를 이용해 강의실 분의기를 한층 더 화기애애하게 만들 기회로 삼을 수도 있습니다.

"그 대답은 나의 다음 질문에 대한 정답이네요. 조금 기다려주세요."
"그 답에 맞는 질문은 과연 무엇일까요?"
"학생도 고질라 만들 거유?"

그러나 이러한 코멘트에 엉뚱한 대답을 한 학생도 같이 호탕하게 웃어야 유머라고 할 수 있습니다. 좋은 교수-학생 유대감을 형성하면 서로의 잘못이 쉽게 용서되기 때문에 그만큼 부담이 줄고 서로를 자유롭게 해줍니다.

✳ 고난도 기술 ✳

학생이 공부에 관심을 두지 않을 경우 교수님은 상당히 불만스러울 것이며 쉽게 화가 날 것입니다. 화를 참아도 목소리에는 상황에 대한 짜증과 학생에 대한 '경멸'이 묻어나게 됩니다. 그래서는 학생들과 거리만 더 멀어질 뿐 그들의 마음을 돌릴 수 없습니다. 하지만 교수님의 불만을 학생들에게 확실히 전달해야 한다고 생각합니다.

교수님께서 바라는 수준까지 학생이 따라오지 못할 경우 학생들과 함께 '교육 목표'를 재검토해 보면 좋습니다. 교수님이 너무 높은 수준을 요구하는지, 아니면 학생들이 정말 공부를 하지 않는 것인지 각자 스스로 판단하고 반성할 기회를 갖는 것입니다. 학생들만 탓하지 않고 함께 힘을 모으고 책임을 지자는 교수님의 마음 자세에 감복받지 않는 학생은 야단치고 혼을 내주셔도 무방하겠습니다!

3장

학기 중반 강의 기술

1
학생은 다양하다

강의를 하는 사람은 청중을 미리 파악해야 합니다. 교사의 경우 수업을 듣는 학생을 파악하는 일이 필요합니다. 강의에 앞서 먼저 학생들의 목록을 살펴보시는 것이 크게 도움이 됩니다. 같은 수업을 듣는 학생들이라도 다음과 같은 여러 요인에 따라 다양한 구성원으로 이루어짐을 알 수 있습니다.

- 성별(性別)
- 가정 환경
- 학업 준비 상태
- 타고난 성격
- 출신 지역(대도시, 소도시, 농어촌 등등)

- 두뇌

- 지능
- 사고력
- 인지 발달 단계
- 학습 스타일

이런 여러 심리, 사회, 경제, 생물학적 요인에 따라 학생들의 학습 방법도 다양할 것입니다. 따라서 가르치는 방법도 학생에 따라 달라야 학습 효과를 높일 수 있습니다.

지능의 다양성을 인정한다

논리/수학 능력
언어 능력
공간 능력
음악 능력
운동 감각
대인 관계 능력
자기 내적 통찰력

하버드 대학 심리학과 교수인 하워드 가드너(Howard Gardener)[7] 박사는 하버드생들이 졸업한 후에 사회에서 어느 정도 성공을 하는지 오랜 기간 관찰해 보았다고 합니다. 그랬더니 사회에서의 성공과 대학 성적표와는 거의 상관 관계가 없는 것으로 나타나

더랍니다.

그래서 도대체 왜 그런가 하고 더 자세히 연구해 보니 학교 성적은 대개 두뇌의 극히 부분적인 영역에 지나지 않는 논리/수학 능력이나 언어 능력 정도밖에 측정하지 않는데, 실제로 인간의 두뇌 능력에는 공간 능력, 음악 능력, 운동 감각, 자기 내적 통찰력, 대인 관계 등 적어도 일곱 가지 서로 다른 영역이 있더라는 것입니다. 이 능력들은 서로가 무관하게 발달할 수 있어서 예를 들어 음치도 야구왕이 될 수 있다는 것입니다.

아이큐(I.Q.)라 하면 지능의 대명사인 것으로 알려져 있는데, 원래 아이큐는 지금부터 약 100년 전에 프랑스의 교육학자 비네(Binet)가 의무 교육을 성공적으로 받을 수 있는 아동과 그렇지 못한 아동을 구분하기 위해 개발한 것입니다. 한 아이가 자기 또래의 평균치에 비해 얼마나 앞섰나 뒤섰나를 통계치로 적은 수치일 뿐 총체적인 두뇌 능력과는 아무 상관이 없습니다.

아이큐는 비슷한 문제에 익숙하게 접하면 점수가 높아질 수 있고, 또는 아동에 따라 대기만성형으로 어릴 때는 두각을 나타내지 않다가 늦게 꽃피는 형도 있기 때문에 두뇌의 총체적 능력을 측정하는 것과는 거리가 멉니다.

두뇌의 다양화를 허락한다

다음은 예일 대학 심리학과의 석좌 교수 스타인버그(Steinberg)

---

7) Howard Gardener, *Multiple Intelligence: the theory in practice*. New York: Basic Books(1993).

가 쓴 『성공적 두뇌(Successful Intelligence)』에 나오는 이야기입니다.[8]

똑똑이와 똘똘이가 산을 넘어가고 있었다. 똑똑이는 학교에서 이름난 우등생이고 똘똘이는 동네에서 소문난 개구쟁이다. 이 두 아이가 산속에서 호랑이를 만났다. 똑똑이가 척 보니까 호랑이는 250미터 떨어져 있는데 달려오는 속도는 시속 50킬로미터 정도였다. 똑똑이는 정확히 계산을 해보더니 '야, 우린 이제 17.88초 후면 죽었다!'라고 똑 소리 나게 재빨리 결론지으면서 친구 똘똘이를 쳐다보았다. 그러나 똘똘이는 태연스럽게 자기 운동화 끈을 동여매고 있지 않은가. 그 모습을 본 우등생 똑똑이는 열등생 똘똘이를 비꼬았다.
"멍청하긴, 네가 뛰어봤자지, 호랑이보다 빨리 뛸 것 같아?"
그러자 똘똘이는 씩 웃으면서 말했다.
"아니야, 나는 너보다만 빨리 뛰면 돼."

스타인버그 박사는 인간의 두뇌 능력에는 적어도 세 가지 영역이 있는데 분석/논리 능력과 적용력과 창의력, 이렇게 셋을 구분해서 보아야 한다고 합니다. 그러나 불행하게도 보통 정규 교육 과정에서는 분석/논리 능력에만 치우치고 나머지 두 영역인 적용력과 창의력에 대해서는 측정 방법조차 개발되지 않아서 많은 인재들을 공부 못한다는 한마디로 썩이고 있는지도 모른다고 안타까워합니다.

---

[8] Robert J. Steinberg, *Successful Intelligence*. New York: Simon & Schuster(1996).

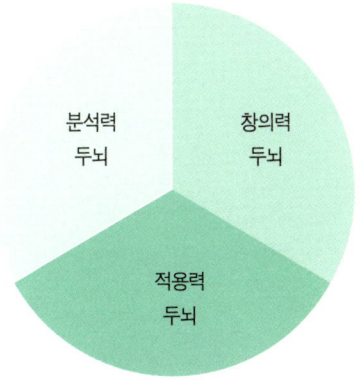

흔히들 학교 우등생이 사회의 열등생이 될 수 있다고 하지만 저는 이 말을 바꾸어 학교의 열등생도 사회의 성공인이 될 수 있다고 말하고 싶습니다.

이를테면 논리/수학 능력이 좀 부족해도 반짝이는 기지와 적용력, 응용력, 현실 감각, 대인 관계 능력이 아주 뛰어나다면 회사든 대학에서든 성공할 수 있는 것입니다.

앞으로 또 얼마나 많은 두뇌 능력들이 측정되고 개발될지 아무도 모릅니다. 과학이 아직 발견하지 못했다고 해서, 또는 현상을 아직 이론적으로 설명하지 못한다고 해서 인간 능력을 축소하거나 제한해서는 안 될 것입니다.

✻ 잔소리 코너 ✻

멀티미디어 시대에는 다양한 소질을 지닌 학생들이 다양한 능력을 다양하게 키울 수 있는 교육을 준비해야 합니다. 그래야 다양한 직업과 프로그램을 만들 인력과 인재들이 부족하지 않게 됩니다.

사고력의 종류를 파악한다

인간의 두뇌는 좌반구와 우반구로 나누어져 있습니다. 좌측 두뇌는 수학과 논리를 다스리고 우측 두뇌는 언어와 예술 능력을 다스립니다.

그런데 네드 허만(Ned Hermann)[9] 교수는 1988년에 인간의 두뇌를 한 번 더 나누어 위의 그림처럼 4등분하였습니다. A쪽 두뇌가 발달한 사람은 수학, 물리, 이론 등 분석을 요구하는 일에 능하고, B쪽 두뇌가 발달한 사람은 계획성 있고 꼼꼼하며 정리 정돈을 잘한다고 합니다. C쪽은 말솜씨와 언어 감각이 뛰어나고 대인 관계가 원만하며, D쪽은 호기심이 강하고 모험심이 풍부하며 남과 좀 다르게 엉뚱하거나 삐딱한 행동을 곧잘 합니다.

---

9) Ned Hermann, *The Creative Brain*, Lake Lure : Brain Books(1988).

여기서 주목하고 싶은 것은 흔히들 사회에서 개구쟁이, 말썽꾸러기, 괴짜, 돌연변이로 부르는 (체제 불순응형) 사람들이 대개 우수한 D쪽 두뇌를 가졌을 확률이 높다는 점인데 이쪽 두뇌가 바로 높은 창의력과 직결된다는 점입니다.

미국에서는 이 이론을 바탕으로 만든 성격 분석 도구를 널리 쓰고 있는데 여기에 관한 재미있는 연구가 있습니다. 미시간 공대 전 학장인 럼스데인(Lumsdaine) 박사가 여러 대학 공대 학생들을 대상으로 조사를 해보니 공대생들이 졸업할 즈음에는 A쪽 두뇌, 곧 분석적 두뇌만 불균형적으로 비대하게 개발되어 있는 것을 발견했습니다. 아니, 지금이 어떤 세상인가요?! 기술 경쟁을 하려면 창의력이 필수 아닙니까? 또 서비스 경쟁을 하려면 C와 D쪽 두뇌도 골고루 발달해야 되지 않겠습니까?!

왜 그럴까 하고 이리저리 연구를 해보다가 한번은 공대 교수들을 검사해 보았지요. 그 결과는 어땠을까요?

공대 교수들의 두뇌도 A쪽 두뇌만 불균형적으로 비대하게 발달되어 있었던 것입니다. 학생들과 완전 일치였습니다. 부전자전입니다!

그뿐만이 아닙니다. 숫자와 공식으로 꽉찬 공대 교과 과정(교과서와 커리큘럼)은 모조리 A쪽 두뇌만 집중적으로 사용하도록 되어 있습니다. 그러니 창의력이 풍부한 학생들은 혹 공대에 들어왔다 하더라도 도저히 배겨낼 수 없게 됩니다. 미국에서는 도중하차하

> ✱ **잔소리 코너** ✱
>
> 지금 미국은 공대에서도 창의력 교육에 투자를 많이 합니다. 한국 대학에서도 창의력 개발 위주의 대학 교육에 적극 투자를 해야 합니다.

는 학생들이 꽤 있습니다. 실력이 없어서라기보다는 A쪽 두뇌만 요구하는 교과 과정이 따분하기 짝이 없어 때려치우는 것입니다.

성격 유형을 이해한다

불안초조형	영웅형	동기부족형	침묵형
26%	9%	4%	20%
순종형	독립형	불평형	친절형
10%	12%	9%	11%

만(Mann) 교수의 조사에 따르면 강의실에 학생 100명이 앉아 있을 경우, 그중 26명은 불안감이 높은 학생이고, 20명은 입 다물고 아무 말도 않는 조용한 학생이고, 12명은 교수님의 강의와 무관한 딴 짓을 하는 독립적인 학생이고, 11명은 호의를 보이는 친절한 학생이고, 10명은 시키는 대로 꼬박꼬박 하는 순종형이고, 9명은 영웅 심리를 보이고, 9명은 늘 뭔가 불평 거리를 찾아서 비판하려 하고, 4명은 동기 유발이 전혀 되지 않는 학생이라고 합니다.

이러한 비율이 모든 학과, 모든 강의실에 맞는지는 모르겠지만, 일단 똑같은 강의를 듣는 학생이라도 이렇게 다양한 성격처럼 받아들이는 태도가 다를 수 있다는 것을 염두에 둔다면 강의를 이끌어 나갈 때 오히려 느긋한 마음이 들 것입니다. 오늘은 또 어떤 괴짜가 나타날까를 기대해 볼 수도 있고, 또 독립적인 학생에게도 '원래 그런 학생인가 보다' 하며 관대한 태도를 보이실 수 있습니다.

2
배우는 데도 스타일이 있다

학생들은 다양한 방법으로 배웁니다. 이를테면 정보/지식을 받아들일 때 그림이나 영상으로 보는 것(시각적)을 좋아하는 학생이 있는가 하면 말로 듣기를 좋아하는(언어적) 학생이 있을 것입니다.

또는 같은 개념이라도 하나씩 순서대로 알아나가는 것을 선호하는 학생이 있는가 하면, 전체를 한눈에 본 뒤에 부분을 맞춰 나가는 학생도 있습니다.

물론 교수님들마다 강의 스타일이 있을 것입니다. 그러나 강의가 뜻대로 잘 안 되는 것 같다고 느끼면 학생들의 선호도와 얼마나 일치하는지를 한번 고려해 보시는 게 도움이 될 것입니다.

참고로 학생들의 학습 방식을 분류별로 자세히 적어보겠습니다.

감각적 학생과 직관적 학생

감각적 학습을 선호하는 학생	직관적 학습을 선호하는 학생
• 시각, 촉각, 청각 등 감각 정보에 집중한다 • 무슨 일이 벌어지는지를 보려 한다 • 사실과 데이터를 원한다 • 표준 방식대로 문제를 해결한다 • 세세한 내용을 참을성 있게 대한다 • '실생활'과 무관한 강의를 싫어한다 • 시간 제한이 있는 시험을 싫어한다	• 아이디어, 기억, 가능성 등 직관적 정보에 집중한다 • 의미를 찾으려 한다 • 이론과 모델을 원한다 • 다양성을 좋아하고 반복을 싫어한다 • 세세한 내용을 따분해한다 • 원리 원칙대로의 강의를 싫어한다 • 어떤 종류의 시험도 별로 좋아하지 않는다

시각적 학생과 언어적 학생

시각적 학습을 선호하는 학생	언어적 학습을 선호하는 학생
• 그림, 도표, 스케치, 차트 구성, 지도, 보여주기 등을 선호한다	• 칠판에 쓰거나 말로 하는 것을 선호한다

적극적인 학생과 반사적인 학생

적극적 학생	반사적 학생
• 적극적인 활동(말하기 등)을 하면서 정보 처리를 한다 • 생각을 말로 표현한다 • 성급하게 행동으로 뛰어든다 • 그룹으로 일하는 것을 좋아한다	• 반추하면서 생각을 정리하려는 경향이 있다 • 혼자 생각한다 • 꾸물대며 행동을 실천에 옮기지 못한다 • 혼자나 둘이 일하기를 선호한다

귀납적 학생과 연역적 학생

귀납적 학습을 선호하는 학생	연역적 학습을 선호하는 학생
• 자료를 관찰하고 나서 규칙과 원리를 도출한다 • 학습 동기가 필요하다 • 귀납이 배우는 스타일이다	• 규칙과 원리로 시작해서 그 결과를 현상에 적용한다 • 탐구열이 필요하다 • 연역이 쉽고 효과적인 강의 방법이다

순차적 학생과 총체적 학생

순차적 학습을 선호하는 학생	총체적 학습을 선호하는 학생
• 일직선으로 한 단계씩 연계된 방식으로 배운다 • 부분적 정보로도 일을 할 수 있다 • 분석을 잘한다	• 큰 덩어리로 연결된 방식으로 배운다 • 부분적인 정보로는 일을 못한다. 처음에는 굼뜨고 시험도 못 보는 것처럼 보이며, 일찍 이해를 못하면 학습을 포기한다 • 통합을 잘한다

이렇게 학생들마다 배우는 스타일이 다양하다는 것을 알면 이제껏 얼마나 많은 학생들이 획일적 방식에 억눌리고 꾸지람만 들어왔는지 상상이 됩니다. 다양한 학생들을 한 가지 틀에 맞추기보다 이제는 학생들마다 나름대로 배우는 즐거움을 찾을 수 있도록 도와주셔야겠습니다. 학생들의 다양성을 인정해 주는 것만으로도 학습 효과는 크게 올라갈 것입니다.

기억에 남는 비율을 고려한다

얼마나 기억을 잘할 수 있는가를 따져보면, 읽기만 하는 것은 10%로 가장 낮고, 듣기는 26%, 보기는 30%입니다. 보기와 듣기를 동시에 하면 기억에 남는 비율은 50%로 증가하고, 보기와 말하기는 70%라고 합니다. 가장 기억에 많이 남는 활동은 말하고 행동하는 것을 동시에 하는 것으로 90%까지 기억에 남습니다. 듣기만 하는 강의보다 학생들이 직접 행동하고 참여하며 발표하는 것이 기억에 훨씬 많이 남는 수업이라는 것입니다.

요즘 텔레비전에서도 명사들이 강의하는 모습을 흔히 볼 수 있는데 퍽 재미있는 강의라 해도 시간이 조금 지나면 기억이 흐릿해지기 쉽습니다.

기억에 대한 연구를 보면 단기 기억(short-term memory)과 장기 기억(long-term memory)이 있는데 전화 안내에서 듣는 전화번호 따위는 단기 기억에 입력되었다가 몇 분 후에는 곧 사라지고, 자기의 생년월일이나 이름 따위는 평생 잊지 않는 장기 기억에 저장됩니다.

정보 시대에는 너무 많은 정보량을 접하게 되기 때문에 일일이 다 기억하는 것은 거의 불가능하고 또 불필요합니다. 인지심리학자들이 연구한 바에 따르면 주관적으로 '의미 있는' 사실이나 정보는 장기 기억에 저장된다고 합니다. 따라서 강의중에 인용하는 객관적 사실/이론/데이터 등을 학생들이 '의미'를 느낄 수 있도록 생각하고 토론해 보며, 가능하다면 실습해 보는 시간을 갖는다면 기억에 남는 비율이 훨씬 높아질 것입니다.

인지 발달 단계

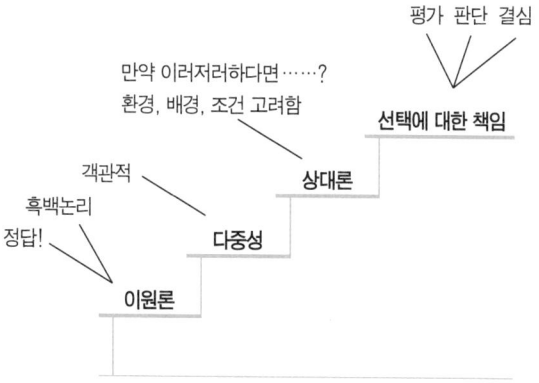

원래 대학 이상의 교육은 고등 교육이라 하여 영어로는 higher education이라 합니다. 여기서 '고등' 교육이라는 단어를 쓰는 이유는 단지 더 많은 지식을 쌓아올린다는 점이 아니라 초등, 중등 교육과는 차원이 다른 '고차원적 교육'을 받는다는 뜻이 있기 때문입니다.

페리(Perry)라는 교육학자는 이것을 좀더 이론적으로 밝혔습니다.[10] 대학 신입생부터 졸업반 학생까지 어떤 지적 도전이나 이슈에 대해 사고력과 판단하는 과정을 연구해 보니까 4단계별로 발달 유형이 나타나더랍니다.

가장 낮은 인식 단계는 '이원론(二元論, dualism)'으로서, 사물을 '옳고 그름'의 잣대로 보며, 모든 문제에는 정답이 있다고 믿고, 또 권위자는 정답을 알고 있다고 믿습니다. 강의실에서 권위자는

---

10) Perry, W. G. Jr., *Forms of Intellectual and Ethical Development in the College Years: A Scheme*. New York: Holt Rinehart and Winston(1970).

교수님이니까 '이원론' 차원에 있는 학생은 교수님이 정답을 알고 있다고 믿으며 권위자에게 잘 보이기 위해 노력합니다.

그러나 학생이 여러 지적 도전을 받게 되거나 현실의 복잡한 상황을 체험하게 되면 더 이상 이원론으로 해결할 수 없는 문제가 많다는 것을 깨닫게 됩니다. 페리는 이것을 인지 발달 단계의 두 번째 단계인 '다중성(多重性, multiplicity)' 단계라고 합니다. 이 단계에 이르면 학생은 한 가지 관점과 풀이 방법에 만족하지 않고 도전하며 이런저런 견해를 객관적으로 살펴보려고 합니다. 편견이나 선입견을 줄인다는 뜻도 되는데, 이 단계에서 학생은 아직도 '정답'은 존재하지만 아직 발견되지 않았을 뿐이라고 믿고 여러 가지 다양한 관점을 포용하려고 합니다. '다중성' 단계는 흑백 논리인 '이원론' 단계보다 생각의 폭은 넓어지지만 자칫하면 세상 만사가 다 그게 그거라는 혼동 상태에 빠질 위험이 있습니다.

그러나 모든 견해가 다 똑같이 타당한 것은 아니라는 것을 인식하면서 학생은 한 단계 높은 인지 발달을 하게 됩니다. 페리는 이것을 인지 단계의 세 번째인 '상대론(相對論, relativism)' 단계라고 하는데, 이 단계에서 학생은 모든 것은 상대적이라고 믿습니다. 두 번째 '다중성' 단계처럼 단지 '객관적'으로 보는 것이 아니라 사물의 환경, 배경, 조건 등을 고려할 수 있다는 것입니다. 이렇게 되면 사물에 대해 초연해지며 객관적일 수 있는 여지를 갖게 됩니다. 그리고 이미 내려진 결론을 의심하고, '만일 이러저러하다면……?' 하는 의문을 갖고 '상대적'인 관점으로 다시 검토해 보려고 합니다.

마지막으로 네 번째 인지 단계는 머릿속으로만 생각하는 것이 아니라 '선택에 대한 책임(commitment)'을 지는 단계입니다. 매사를 객관적으로만 보거나, 상대적으로 '만일 이러저러하다면……?' 하는 의문만 갖는다면 주체적인 선택을 할 수 없고 따라서 자신의 행동에 대한 책임도 지지 못할 것입니다. 그러나 정말로 성숙한 인식 단계에 도달하면, 사물을 객관적으로 보되 여러 상황을 상대적으로 고려한 다음 자신의 평가에 따라 판단하고 행동에 옮길 수 있는, 행동적이고 책임 있는 지성인이 되는 것입니다.

3
학생들의 수준에 맞춘다

많은 학생들이 고등학교 때까지는 흑백 논리 수준을 벗어나기 어렵습니다. 그러나 대학을 다녔다고 해서 모두가 책임 있는 지성인의 단계에 도달하게 되는 것도 아닙니다. 페리의 연구에 따르면 '선택에 대한 책임' 단계는 보통 대학 졸업 이후에 도달하는데 사람에 따라서는 늙을 때까지도 이 단계에 도달하지 못하는 경우도 많습니다.

시카고 대학의 인간발달학 교수인 칙센트미하이 박사에 따르면 학생들은 현재 자기 수준보다 훨씬 밑도는 질문을 받게 되면 지루함을 느끼고, 반대로 현재 자기 수준보다 훨씬 어려운 지식과 질문을 받으면 불안감과 좌절감을 느낀다고 합니다.

학생은 다소 도전이 될 만한 과제를 대할 때 흥미가 높아질 뿐 아니라 정신 집중을 하여 시간과 공간을 잊는 '무아지경'에까지 몰입할 수 있다고 합니다. 이미 다 마스터한 컴퓨터 게임을 다시 하라고 하면 지루해서 몸을 뒤틀겠고, 엄청나게 힘든 새로운 게임을 주면 불안해하지만, 자기 실력보다 약간 웃도는 게임을 접하면 밥 먹는 것도 잊고 무아지경에 빠져 게임에 몰입하는 것과 같은 이치입니다.

학생에 따라 발달 단계가 다르고, 적절한 도전의 정도가 다르게 마련입니다. 따라서 학습 환경도 달라져야 합니다. 결론적으로 개인에 따른 차별화 교육을 과감히 시도할 필요가 있다는 것입니다.

학생에 따라 학습 환경도 달라져야 한다.
학생의 현 수준을 초과하는 질문과 지식은 좌절감을 불러일으킨다.
학생들은 자기 현 수준을 밑도는 질문을 받게 되면 지루함을 느낀다.

개인에 따른 차별화 교육의 과감한 시도가 필요하다.

매스-커스터마이제이션 개념을 적용한다

학생이 수업에서 얼마만큼 많이 배우는가는 각 학생의 타고난 능력과 수업 준비와도 상관이 있지만, 더 중요한 것은 교수님의 가르치는 방식이 학생의 학습 방식과 일치하느냐에도 크게 영향을 받는다는 사실입니다. 만일 학생의 학습 스타일과 교수님의 강의 스타일이 전혀 일치하지 않는다면 학생은 수업에 지루함을 느끼거나, 집중력이 떨어지거나, 시험을 망치거나, 강의나 학과 자체에 실망을 느끼거나, 자신감을 잃게 됩니다(동시에 교수님도 어쩐지 강의가 신나지 않고 짜증이 나는 것을 경험하실 것입니다. 따라서 강의가 부담스럽게 느껴지신다면 학생들과의 싱크로나이제이션이 제대로 되고 있는지 한번 살펴보는 것이 좋습니다).

그렇다고 각양각색의 학생들에게 어떻게 일일이 다른 방법으로 가르칠 수 있는가? 하는 의문이 남습니다. 이것은 물론 시간적, 정신적 여유가 많지 않은 교수님들에게는 거의 불가능한 일로 여겨질 것입니다. 문제는 사회 자체가 대량 생산 체제에서 다품종 소량 생산 체제로 바뀌었듯이 교육도 획일적, 일방적 교육에서 가변적, 쌍방적인 방향으로 변하고 있다는 것입니다.

저는 이것을 한마디로 매스-커스터마이제이션(mass-customization)이라고 부릅니다.

간단히 말씀드리면 매스-커스터마이제이션이란 많은 학생을 대상으로 강의하더라도 매강의마다 몇 명의 학생에게 집중된 관심을 보이는 것으로, 이를 돌아가면서 하다 보면 한 강좌가 끝날 때까지 각 학생이 적어도 한 번 이상 교수님의 개인적인 관심을 받을 수 있게 된다는 것입니다.

이를테면 매강의마다 5~7명 정도씩 학생들의 이름을 외우는 것도 한 방법입니다. 교수님이 학생들을 '한 무더기의 이름 없는 집단'으로 대하는 것보다 개개인의 이름을 기억해 주게 되면 학생들의 출석률, 참여도, 집중력을 훨씬 강화시킬 수 있는 막강한 위력을 지닙니다.

이런 방법으로 하면 교수님들이 별다른 큰 시간 투자 없이도, 또 천문학적인 교육 예산 없이도 학생들의 참여도와 만족도를 훨씬 높일 수 있습니다.

이 방법 외에도 강의에 매스-커스터마이제이션 개념을 적용할 수 있는 방법은 무궁무진합니다. 각자의 취향과 성격, 또 강의실과 학생들의 상황에 맞게 창의력을 발휘하시면 다양한 학생들에게 맞는 훌륭한 강의를 진행하실 수 있을 것입니다.

4
학습 동기를 부여하라

조벽 교수님께

　교수님의 말씀이 강의하는 데 있어 많은 도움이 되는 것은 사실이지만 생각보다 학업에 대한 열의가 있는 학생이 얼마 되지 않습니다. 학교에서는 취업을 위한 실무 교육과 학업에 흥미를 느낄 수 있도록 수준에 맞춰 쉽게 가르치라고 하지만 사실은 사용하는 교재나 수학의 양이 현실과 맞지 않는 경우가 많고, 아주 기초적인 학습 자질이 부족한 학생들이 상당수 있습니다. 한 학기 수업의 범위는 한정되어 있고, 고교 과정에서의 기초가 부족한 많은 학생들은 힘들어하거나 미리 포기를 하는 경우가 많습니다. 학생들이 학업에 포기하지 않고 흥미를 가질 수 있는 처방이 있으시면 고견을 듣고 싶습니다. 사실 교수님의 강의를 듣고서 강의 시간에 시도해 보기도 했지만, 예를 들어 미리 수업 내용을 준비해 오도록 하거나 시청각 교육과 발표와 토론 등의 방식을 시도해 보았지만 도무지 학생들의 참여가 없고 관심이 없습니다.

—○○대학 권○○ 교수

  많은 교수님들께서 위에 제기된 문제에 대해 공감하시겠지요. 불행하게도 전망은 그리 밝지 않습니다. 앞으로 기초가 부족한 학생, 학습 동기가 없는 학생, 또는 취업 위주로 공부하는 학생들이 '주류'를 이루게 될 것이기 때문입니다. 그렇게 되면 교수님이 강의하시기가 더 힘들어질 것입니다.
  입시 성적순으로 학생들을 선발하게 되면 강의실에는 비슷한 실력이나 학습 자세를 지닌 학생들이 모이게 됩니다. 이런 경우엔 교수님께서 강의를 학생의 '평균' 수준에 맞추면 되겠지요. 하지만 학생들이 '열린' 초중고 교육을 받고, 특차로 선발되어 대학에 들어오게 되면 학생들의 실력과 학습 자세가 엄청나게 다양해집니다. 공부를 아주 잘하는 학생이 있는가 하면 공부와는 아예 담을 쌓고 지내는 학생도 한 반에 함께 있게 됩니다. 실력의 폭이 예전보다 훨씬 더 넓어져 강의를 어느 학생의 수준에 맞추어야 할지 고민스러울 것입니다.
  예전같이 '평균' 학생 중심으로 강의를 하면 우수한 학생은 따분해할 것이며 준비가 덜된 학생은 학습을 아예 포기하게 될 것입니다. 해결책은 학생들이 스스로 학습할 수 있도록 동기를 유발하는 것입니다.
  학생들의 학습 동기를 높이기 위해서는 우선 동기 부족의 원인을 알아야 합니다. 미국 학생들을 대상으로 한 연구 결과를 소개합니다.

학생들이 학습 동기를 느끼지 못하는 원인 아홉 가지
1. 자신이 원하는 대학을 다니고 있지 않다.
2. 자신이 원하는 학과가 아니다.
3. 좋지 않은 학습 습관을 지니고 있다.
4. 기초 실력이 모자란다.
5. 외톨이가 되길 선호하고, 도움을 받기를 꺼려한다.
6. 선택한 학문이 적성에 맞지 않다.
7. 개인 사정(집안이나 대인 관계 문제)이 있다.
8. 성공에 대한 불안감이 높다.
9. 졸업장이 목적이다.

아마 한국 학생들을 대상으로 한 연구 결과가 있다면 이와 크게 다르지 않을 것이라 생각됩니다. 아홉 가지 원인을 살펴보면 교수님께서 해결하거나 도울 수 있는 것은 별로 없습니다. 하지만 '유능한 교수의 핵심 특성' 중 하나가 학생들에게 '동기를 부여한다'입니다.

동기 유발 전략을 세운다

학생들이 한 강의 평가를 잘 살펴보면 동기 유발의 전략이 보입니다.

"졸업에 필요한 과목은 아니지만 무척 많은 것을 배우고 느끼게 되었다. 이 강의는 한번도 빼먹은 적이 없다."

"내가 이 과목에 비록 C학점을 받았지만 이 과목을 들은 것을 천만다행이라고 생각한다. 왜냐하면 이 강의로 인해 무척 많은 생각을 하게 되었기 때문이다."

"교수님의 열의에 감동받았다. 그래서 이 과목만큼은 내가 최선을 다하였고, 만족한다."

학생들이 공부할 자세가 되어 있지 않은 이유는 매우 다양합니다. 사회 전반적인 문제(성적순으로 가게 된 학교, 잘 알지 못하고 택한 학과)가 있는가 하면 지극히 개인적인 문제(집안 형편, 대인관계 문제)가 있습니다. 고질적인 것(부족한 기초 실력, 성공에 대한 불안감)과 일시적인 것(이성 교제 등)으로 구분할 수도 있겠지요.

이렇게 이유만 다양한 것이 아니고 동기 부족으로 인한 결과 또한 다양하기 그지없습니다. 동기 결여 상태가 심각한 수준에 다다른 학생들은 아예 강의실에 나타나지도 않고, 나타나더라도 책상에 엎드려 잡니다. 초기 증세를 보이는 학생들은 강의실에 얌전히 앉아 있기는 하나 눈에 초점이 없고 얼굴에 표정이 없습니다.

동기 부족의 원인과 그로 인한 문제가 복잡할수록 응급 교수법으로만 해결할 수 없고, 동기 유발에 대한 기본 원리를 이해해야 합니다. 동기에 대한 원리는 많은데 그중 매슬로(Maslow)의 원리가 가장 유명합니다. 심리학자 매슬로는 인간의 욕구에는 다섯 단계가 있다고 합니다.[11]

가장 기본으로는 물, 공기, 음식 같은 생존 욕구, 두 번째는 안전

---

11) Maslow, *Motivation and Personality*, 2nd. ed, Harper and Row, NY(1970).

에 대한 욕구, 세 번째는 남으로부터 인정받고자 하는 욕구, 네 번째는 자기 존중감을 갖고자 하는 욕구, 그리고 제일 최상위의 욕구는 자아 실현을 하고자 하는 욕구라고 합니다.

교수님들이 학생이었던 시절에는 공부 잘하는 것이 첫 세 가지 욕구를 충족시켜 주는 가장 확실한 방법이었습니다. 그래서 좋든 싫든 공부를 해야만 했습니다. 자신의 의지와 무관하게 대학과 전공을 정하였고, 무사히 졸업하였습니다.

하지만 요즘 학생들은 다릅니다. 이제는 자신의 적성을 따집니다. 아무리 장래가 밝은 전공이어도 마음에 들지 않으면 시시하다 하고, 재미가 없으면 공부하기 싫다고 합니다. '배부른 소리!'라고 생각되시겠지요. 하지만, 요즘 학생들이 배가 부른 것은 사실입니다. 이제는 꼭 공부만 하지 않아도 먹고 살 길이 다양해졌기 때문입니다. 그래서 구태여 하기 싫은 공부를 하거나 적성에 맞지 않은 전공을 배워야 할 '동기'가 별로 없습니다. 그래서 그들에게 "공부하면 성적이 좋아진다, 좋은 직장을 얻을 수 있다, 존경받는 사회인이 될 것이다"란 말은 별로 효과가 없습니다. 첫 세 가지 욕구를 겨냥한 격려, 충고, 조언, 경고, 훈계 등은 일시적인 효과를 보더라도 결코 오래가지 못할 것입니다. 오히려 부작용이나 생기지 않으면 다행일 것입니다.

요즘 학생들한테는 자기 존중감과 자아 실현이 가장 중요한 동기 유발이 됩니다. 앞서 소개한 학생들의 강의 평가에 이 사실이 잘 나타나 있습니다. 학생들이 성적이나 취업과는 무관하더라도 강의로 인하여 자신이 발전하고 있다는 것을 느끼면 열심히 공부할 것이라는 결론입니다.

학습 동기가 부족한 학생 유형을 안다

학습 동기가 별로 없는 학생들은 가르치기가 매우 힘듭니다. 강의 도중에 조는 학생, 잡담하는 학생, 멍하게 앉아 있는 학생들을 대하면 기운이 쭉 빠지기 때문입니다. 학습 동기가 없는 이유는 물론 지극히 개별적, 개인적인 것이겠지만 학생들에게 일반적인 학습 유형이 있습니다. 학습 유형을 아시면 여러모로 도움이 될 것입니다.

미시간 주립대의 맨(Mann) 교수는 학생들을 여덟 가지 기본 유형—불안 초조형, 영웅형, 동기 부족형, 침묵형, 독립형, 불평형, 아부형—으로 구분했습니다. 그러나 이런 유형은 원인은 상관하지 않고 나타나는 현상에 입각해서 구분하였기 때문에 동기 부족에 대한 문제를 근본적으로 해결해 주지는 못합니다. 저는 학생들의 공부하는 모습을 관찰한 결과 대략 다음의 네 가지 유형으로 나누어보았습니다.

H(High achiever, 성취)형: 공부할 능력과 노력을 겸비한 학생입니다. 성적이 우수하고 태도가 성실하기 때문에 흔히 모범생이라고 부르는 유형입니다. 기본적으로 어릴 때부터 숫자와 언어 개념을 쉽게 터득한 편이고 학교에서 계속 상위권 성적을 유지해 왔습니다. 이들은 목표를 이루려는 성취 동기가 강하기 때문에 누가 시키지 않아도 스스로 알아서 공부하는 편입니다.

O(Outsider, 체제 거부)형: 학습 능력은 있으나 노력을 안 하는 학생입니다. 흔히 머리는 좋은데 공부를 못한다고 자타가 공인합니

다. 성적이 들쭉날쭉한 편이고 작심삼일형이기도 합니다. 기분이 내켜서 공부를 좀 하면 성적이 단박에 오르기도 하지만 대개는 반짝하다가 다시 다른 일에 집중합니다. 공부는 나중에 하고 싶을 때 하면 잘할 거라고 장담하는가 하면, 아예 노골적으로 공부와 담쌓기도 해서 부모님 속을 태웁니다. 학교에서는 엉뚱한 질문을 하거나 선생님의 말에 반박해 미움을 받기도 하지만 친구들과는 아주 친하게 잘 지내는 편입니다. 좋아하는 일에는 높은 의욕과 열의를 갖지만 문제는 그것이 학교 공부와 무관하다는 점입니다. 이런 유형의 학생들은 꿈과 열정을 현실로 성취해 낼 수 있도록 격려해 주고 환경 조성을 해주는 것이 필요합니다.

P(Pleaser, 착실)형: 꾸준히 노력은 하지만 성적이 좀처럼 오르지 않는 학생입니다. 부모님 말씀 잘 듣고 학교 생활도 성실하고 얌전해서 나무랄 데가 없지만 개성이나 특성이 별로 두드러지지 않아 학교에서는 존재가 미미한 경우가 많습니다. 극심한 경쟁이나 부모님의 기대감에 스트레스를 가장 많이 받는 형이고 따라서 좀더 잘해 보려고 애쓰지만 성과가 없어 자신감을 잃는 경우가 많습니다. 남의 기준에 맞추려고 애쓰지만 정작 자신이 원하는 것이 무엇인지 잘 모르는 경우가 많습니다. 따라서 정말 자기가 하고 싶은 일이 무엇인지를 찾는 것이 시급합니다.

E(Easy-going, 내 맘대로)형: 노력도 하지 않고 공부할 기본 능력도 갖추지 않은 학생입니다. 될 대로 되라는 식으로 매사를 쉽게 생각하거나 쉽게 포기하기 때문에 의욕도 없고 태도도 불성실해 보입니다. 학교 성적은 하위권이고 태도가 불량해서 학교에서 가장 괄

시를 받는 학생들입니다. 학교, 성적, 시험 따위에 개의치 않고 때로는 부모님의 기대와는 정반대되는 행동도 서슴지 않습니다. 흔히 문제아, 천덕꾸러기, 날라리라는 레벨을 달고 살며 졸업장만이라도 무사히 받기를 바랄 정도입니다. 학교 안보다 밖에서 활개치고 다니며 비슷한 부류와 어울리기를 좋아합니다.[12]

'학습에 대한 자체 평가서'를 써보게 한다

앞에서는 학생들의 학습 유형을 소개했습니다. 그리고 학습 유형에 따라 학습 동기를 유발하는 방법이 달라야 한다고 말씀드렸습니다. 그러나 학생의 학습 유형을 어떻게 파악할 수 있을까요.

학생을 한번 척 보고도 단박에 그 학생의 학습 유형을 꿰뚫어보는 교수님이 계십니다. 점쟁이가 아니더라도 학생들을 오랜 기간 대하다 보면 학생들의 학습 능력과 학습 태도를 얼굴만 보고도 대충 알 수 있게 됩니다. 하지만 학생 스스로 자신을 파악하도록 유도하는 것이 바람직합니다. 남이 "너는 이렇다 저렇다" 하면 기분이 별로 좋지 않기 때문입니다. 따라서 학생 스스로 자신의 학습 태도를 점검하게 하는 '학습에 대한 자체 평가서'를 소개합니다. 저는 학습 동기가 유별나게 적은 학생이 보이면 그들과 개별적으로 5분씩 면담을 하는데 그때 이 평가서를 사용합니다.

---

[12] 위 내용은 『이민 가지 않고도 우리 자녀 인재로 키울 수 있다』(최성애·조벽 공저, 한단북스, 2000)에서 인용.

학습에 대한 자체 평가서

1. 강의 참여

   강의를 빠지지 않는다.　　　　　　　A B C D F

   강의실 앞이나 가운데에 앉는다.　　　A B C D F

   강의 처음부터 끝까지 집중한다.　　　A B C D F

   질문을 하거나 질문에 대답을 한다.　　A B C D F

2. 학습 습관

   예습을 한다.　　　　　　　　　　　A B C D F

   복습을 한다.　　　　　　　　　　　A B C D F

   숙제를 제때에 한다.　　　　　　　　A B C D F

   강의 한 시간당 두 시간 정도 공부한다.　A B C D F

3. 도움 받기

   나와 같이 공부하는 친구가 있다.　　　A B C D F

   모르는 것이 있으면 도움을 청한다.　　A B C D F

   교수나 조교를 방문한다.　　　　　　A B C D F

4. 관리 사항

   잠을 충분히 잔다.　　　　　　　　　A B C D F

   하루 세 끼 정기적으로 먹는다.　　　　A B C D F

   건전한 음식을 먹는다.　　　　　　　A B C D F

   운동을 정기적으로 한다.　　　　　　A B C D F

5
강의의 문제점을 정확히 진단하라

학기 중간쯤 되면 강의가 잘 되어가는지 아니면 점점 엉망이 되어가는지 확실히 알게 됩니다. 잘 되어가는 강의는 별 신경 쓰지 않아도 그냥 저절로 굴러가는 듯한 느낌을 줍니다. 그러나 뭔가 잘못 되어가는 강의는 별 효과 없이 힘만 잔뜩 듭니다. 학생들과 호흡이 척척 맞아떨어지면 다음 강의 시간이 기다려집니다. 그러나 강의가 한번 삐걱하기 시작하면 그저 주말만 기다려집니다.

지난번에 가르칠 때와 비교해 다른 내용이나 다른 방식으로 가르치는 것도 아닌데 진도가 잘 나가지 않거나, 학생들과 거리가 멀게 느껴지거나, 강의를 하고 나면 찜찜한 기분이 금방 사라지지 않을 경우에는 "그냥 어떻게 되겠지" 하면서 방치해 두지 말고 가능한 한 빨리 손을 쓰셔야 합니다. 몇 가지 방법을 소개해 드리겠습니다.

자신의 마음 자세를 점검한다

강의가 잘못되어 갈 때 교수님 본인이 무슨 생각을 하는지 살펴보셔야 합니다. 다른 교수님과 의논하거나 홀로 무심히 하는 말을 기억해 보시기 바랍니다. 특히 아래 적힌 네 가지 중에 어떤 것과 가장 유사한지요?

(1) 요즘 학생들의 실력이 예전 학생들만큼 못하다.
(2) N세대 학생들은 도무지 공부할 마음이 없다.
(3) 해야 할 일이 왜 이리 많은지……. 바쁜 세상에 강의가 이 정도라도 되는 게 기적이다.
(4) 내가 무엇을 더 할 수 있을까?

네 종류의 생각을 다 하셨을 수도 있습니다. 극소수 우등생만 들어가던 대학이 지금은 웬만한 학생들은 다 가는 곳이 되었습니다. 따라서 대학생의 평균 기초 실력이 하향 조정된 것은 사실입니다. 그리고 공부만이 장래를 보장하는 시대가 아닌 새 시대의 학생들은 공부에 마음이 없기 마련입니다. 그리고 교수님은 앞으로도 계속해서 바쁘실 것이 분명합니다. 모두 다 사실이더라도 교수님께서 어떤 반응을 우선적으로 '선택'하는가에 따라 강의실 분위기가 달라질 수 있습니다.

첫 번째는 잘못을 타인에게 돌리고 있습니다. 학생들이 교수님의 가르침을 따라올 가능성조차 없다는 뜻은 거꾸로 교수님께서 열심히 해봤자 소용없을 것이라는 말이 되기도 합니다. 이런 생각이 바탕에 있으면 잘못되어 가는 강의가 제대로 될 리가 없겠지요.

두 번째도 잘못을 타인에게 돌리고 있습니다. 하지만 학생들이 완전히 구제 불능은 아니기 때문에 그들이 하기 나름이라는 뜻이 담겨 있습니다. 학업에 대해 미지근한 학생들의 마음 자세에 대해 소극적인 자세를 취하면 강의 효과도 미지근할 수밖에 없겠지요. 약간의 희망이 보이기는 합니다만 큰 변화를 기대할 수는 없는 상황입니다.

세 번째는 잘못을 자신에게 돌리고 있습니다. 최고의 강의는 아니지만 어쩔 수 없다는 자포자기 내지 이 정도가 최선이다라는 착각으로 스스로를 위로하고 있습니다. 이 역시 별로 발전이 보이지 않습니다.

네 번째도 잘못을 자신의 노력에 돌리고 있습니다. 그 반면 학생들의 학습 성취를 교수님께서 좌우할 수 있다고 믿고 있습니다. 결국 교수님 자신에게 스스로 파워를 부여하고 있습니다. 변화를 유도해 낼 수 있는 기본이 준비되어 있습니다.

강의 상황을 점검한다

잘못되어 가는 강의를 바로잡기 위한 첫 번째 단계로 자신의 마음 자세를 점검해야 한다고 말씀드렸습니다. 문제의 원인을 남에게 돌릴 경우 사실 자신이 할 수 있는 일이 별로 없습니다. 따라서 교수님 자신이 일단 학생들의 학습 성취를 좌우할 수 있다는 기본 믿음이 있어야 합니다. 두 번째 단계로 원인을 사람에게서 찾는 대신 '상황(circumstance, context, situation)'에서 찾아보겠습니다.

강의가 잘못되는 이유는 가지각색일 수 있겠지만 크게 세 종류로 구분해서 생각해 볼 수 있습니다. 진단과 처방을 간단한 예를 들어 말씀드립니다.

(1) 강의 진행과 관련된 문제(진도, 페이스)

학생들이 시험을 엉망으로 치는 경우, 강의실에 들어오는 표정이 뭔가 불만에 가득 차서 마지못해 들어오는 듯한 경우, 질문의 요지조차 이해하지 못해 어리벙벙해하는 경우는 강의 진도가 항상 너무 빠르거나 많은 내용이 숨돌릴 틈 없이 전개되기 때문이라고 진단할 수 있습니다. 물을 마시려고 수도꼭지에 입을 댄 사람을 상상해 보십시오. 갈증이 해소되어 매우 만족스러워하는 얼굴이 보이지 않습니까? 이제 막 물을 마시려는데 소방 수도관을 입에 대준 상황을 상상해 보십시오. 으악!!! 그렇습니다. 강의 내용도 학생들이 소화할 수 있는 양과 속도가 있습니다. 따라서 강의 진도를 조절해 보시면 좋은 효과를 얻을 수 있습니다.

(2) 강의 내용과 관련된 문제(난해도, 적절성)

학생들이 강의 종료 시간 전에 소란스럽게 책가방을 싸는 경우, 강의 도중 창 밖을 열심히 내다보는 경우, 리포트에서 정성이라고는 눈곱만치도 찾아볼 수 없는 경우는 강의 내용이 학생들의 수준과 일치하지 않거나 필요성(need)과 무관할 때 벌어질 수 있습니다. 대학교에 겨우 들어온 학생들을 앞에 놓고 고차원 미분 방정식을 칠판에 가득 채우거나 난해한 화이트헤드의 논문을 줄줄 읽어 내려 가면 학생들의 반응이 어떨까요? "오잉??? 세상엔 이런 것도 있구나!" 하고 감명을 받을 것입니다. 첫날 하루 정도는 말입니다. 그 다음부터는 학생들의 얼굴이 누렇게 뜨게 됩니다. 사람의 동기

의식은 상당히 까다롭기 짝이 없습니다. 학생들은 강의 내용이 자기 수준보다 너무 낮으면 따분해하고, 너무 높으면 신경을 끄게 됩니다. 강의 내용이 학생들의 수준보다 약간 웃도는 것이 지속적인 호기심과 흥미를 유발합니다. 그리고 강의 내용에 구체적인 예를 적절하게 드는 것도 효과가 있습니다.

(3) 대인 관계와 관련된 문제(커뮤니케이션)

학생들이 불손하게 보이는 경우, 교수님의 말씀을 건성으로 듣는 것 같아 보이는 경우, 교수님과 얼굴이나 눈 마주치는 것을 꺼려하는 경우는 학생들과 교수님 사이에 유대감이 제대로 형성되지 않았을 때 벌어질 수 있습니다. 요즘의 사제지간이란 예전과 달리 교수와 학생이라는 신분만으로 저절로 아름다운 관계로 발전하지 않는 것 같습니다. 학생들이 교수님을 일방적으로 존경하고 따르기를 기대할 수 있는 시대도 아닌 듯합니다. 따라서 교수님께서는 학생들을 대하실 때에 자신의 언행에 신경을 써야 합니다. 비구어적 메시지(말투, 몸짓 등)가 커뮤니케이션 효력을 70% 이상 좌우한다고 합니다. 교수님의 일거수일투족이 학생들 눈에 어떻게 비추어지는지 점검해야 합니다.

✽ 잔소리 코너 ✽

물론 잘못되어 가는 강의의 원인이 이렇게 간단하지는 않겠습니다. 여러 원인들이 복잡하게 얽혀 있고 매우 깊숙이 박혀 있을 것입니다. 하지만 문제를 풀기 위해서는 문제를 간단하게 정돈해 볼 필요가 있습니다. 처음부터 복잡하게 생각하면 시도할 수 있는 해결 방안이 나오지 않기 때문입니다. 물론 복잡한 문제를 쉬운 문제로 왜곡하거나 착각하라는 뜻은 아닙니다. 교수님이 스스로 해결하실 수 있는 테두리 안에서 문제를 인식하는 것이 문제 해결 방법의 첫 순서라고 생각합니다.

6
잘못된 강의 바로잡기

강의실 분위기가 일단 형성되면 그 나름대로 개성이 생기기라도 하듯이 잘 변하지 않습니다. 특히 학기가 반이나 지난 후부터는 점점 더 교수님께서 강의실 분위기를 좌우하기 힘들어집니다. 그래서 강의가 한번 잘못되어 가기 시작하면 시간이 갈수록 복구하기가 쉽지 않습니다. 이럴 경우, 분위기가 점진적으로 좋아지도록 유도하기 어렵습니다. 분위기를 확 바꿀 계기를 만드셔야 합니다. 앞서 지적한 원인의 종류별로 구체적인 안을 소개하겠습니다.

강의 진행이 문제였다면

강의를 강의 진행표에 맞추려고 급급하다 보면 학생들이 따라오지 못하는 경우가 생깁니다. 학습 내용이 소화가 덜 된 상태에서 새로운 내용으로 넘어가면 학생들의 학습 동기마저 사라질 수 있습니다. 물론 강의에서 꼭 다루어야 하는 내용 범위가 있을 수 있지만 어느 정도는 조정할 수 있겠지요. 만일 강의 진도를 강의 진행표대로 하기에는 다소 무리가 있다고 판단하시면 속도를 늦추어야 합니다. 하지만 강의가 강의 진행표에 점점 뒤처진다는 느낌을 학생들에게 주는 것은 바람직하지 않습니다.

이럴 경우 새로운 강의 진행표를 학생들에게 나누어주어서 새로운 시도를 예고하는 것이 효과적입니다. "학생들이 힘들어하는 것 같아서……", 또는 "학생들이 잘 따라올 수 있도록……" 등 진도를 늦추는 이유를 학생들에게 돌리거나 학생들을 위해서라는 발언을 노골적으로 하지 마십시오. 학생들은 좋으면서도 기분 상할 수 있습니다. (내용이 줄어드는 것은 좋으나 구원받는 기분은 싫다!) 그 대신 "내용 범위는 줄이되 좀더 깊이 있게 다루기 위해서……", "가장 중요한 부분을 확실히 알기 위해서……" 등 가르침과 배움에 초점을 모으시면 좋습니다.

강의 내용이 문제였다면

강의 내용의 난이도가 학생들의 소화력을 휙 넘어섰기 때문에 학생들이 힘겨워하는지는 중간 시험을 자세히 살펴보면 나타납니다. 이럴 경우 강의의 수준을 슬며시 내리지 마십시오. 많은 학생들이 아쉽게도 최소한의 노력만으로 학점을 '따려고' 하기 때문에 교수님의 기대치가 점점 내려가는 것을 예리하게 감지하고 악용할 수 있습니다. 강의의 수준이 내려가면 그에 따라서 학생들이 공부를 더 안 할 수도 있기 때문에 악순환을 형성하게 됩니다.

저는 이런 불상사를 예방하기 위해 〈시험 자체 평가서〉를 이용하여 강의 수준을 조절하는 계기를 마련합니다. (〈시험 자체 평가서〉는 학생들에게 수업의 교육 목표를 달성했는가를 스스로 판단하게 하고, 만약 달성하지 못했다면 앞으로 남은 기간 내에 어떻게 달성하고자 하는가를 생각해 보게 합니다.) 이때 저도 '자체 평가'를 하겠노라고 발표합니다. 다시 말하자면 학생들이 '배움'에 대한 자체 평가를 하는 동시에 교수님께서는 '가르침'에 대한 자체 평가를 해서 평가 결과에 따라 강의의 수준을 알맞게 조절하겠다는 뜻이지요. 결국 강의 수준 조절을 의도적으로 계획을 세워 이행하셔야 교수님께서 강의실 분위기와 강의 수준에 대한 컨트롤을 계속 지니게 됩니다.

대인 관계가 문제였다면

강의실의 저조한 분위기가 학생들과 교수님 사이의 대인 관계 때문이라면 문제가 심각합니다. 간단한 해결책이 없습니다. 그런 문제가 아니기를 바라는 수밖에 없습니다. 하지만 제 경험으로 볼 때 대인 관계에서 비롯하는 경우가 상당히 흔합니다.

이미 말씀드린 대로 대인 관계에서 오는 문제는 극복하기 쉽지 않습니다. 그러나 한 가지 다행한 일은 교수님과 학생들 사이가 불편하게 되는 이유는 그다지 많지 않다는 점입니다. 문제는 교수님께서 학생들의 '무지'를 부정적으로 볼 경우입니다. 내용을 모르는 학생이 한심스럽고 실수하는 학생이 못마땅하게 여겨질 때 생기는 문제입니다.

강의 평가서를 살펴본다

관계를 바로잡기 위한 첫 번째 순서는 교수님 자신이 과연 그런가를 알아야 합니다. 하지만 만약 그렇다면 무의식적으로 하기 때문에 교수님 스스로 알아내기는 거의 불가능합니다. 학생이 교수님께 직접 말씀드릴 것도 아니고요. 그래서 일단 강의 평가서를 살펴보셔야 합니다.

학생들은 학생들을 대하는 교수님의 기본 마음 자세를 잘 알아냅니다. 학생들을 부정적으로 대하는 교수님이 학생들 눈에 어떻게 비춰지는지 미시간 공대 학생들이 쓴 강의 평가서를 통해 살펴보겠습니다. (지식이나 지식 전달 기술에 관한 문제가 아니고 대인 관계에서 오는 문제점을 지적한 부분만 발췌했습니다.)

"학생이 좀 어설픈 질문을 하면 비웃거나 시간 낭비하지 말라는 식으로 무시해 버린다."

"학생이 교수님과 다른 의견을 제시하면 왜 학생이 틀렸는지를 장황하게 설명하느라고 남은 강의 시간을 다 보낸다."

"학생들을 깔보는 태도가 역력하다. 우리들을 마치 초등학생 정도인양 대하신다."

"○○○ 교수님은 질문에 학생이 잘못 대답하면 잘못을 꼬집어 내거나 확대해서 무안을 준다. 학생을 완전 병신 취급하는 경우도 있다."

"○○○ 교수님은 학생들의 의견을 조금도 존중해 주지 않는다."

"학생들의 의견을 완전히 무시하신다."

"학생이 잘못 알아들어서 엉뚱한 질문을 하면 소리 내어 웃으신다. 기분 나쁘다."
"너무 잘난 척하신다. 모든 것을 다 아는 척하신다."
"우리가 모르는 것과 틀린 점을 지적하기를 너무 즐기시는 것 같다. 우리를 바보 취급하시는 것 같다."
"○○○ 교수님은 학생들을 차별 대우하신다."
"○○○ 교수님은 학생들의 토론을 유도하려고 애는 쓰지만 결국 학생들의 발언을 무시하거나 잘못 말한 학생을 '묵사발' 만드신다."

모든 학생들이 위에 나열된 코멘트처럼 교수님에 대한 불만을 구체적으로 지적하지는 않습니다. 대부분의 학생들은 그냥 "○○○ 교수님은 학생들에게 관심이 없으시다" 따위로 두루뭉실하게 표현합니다. 그래서 강의 평가서를 꼼꼼히 읽어봐야 합니다.

대화를 살펴본다

바람직한 강의실 분위기가 형성되지 않는 이유 중에 하나가 교수님께서 학생들의 '무지'를 부정적으로 대할 때라고 하였습니다. 제 경우에는 학생들이 능력이 없거나 노력을 하지 않을 때 화가 납니다. 특히 강의를 열심히 하느라고 하는데 학생들이 응하지 않을 때는 일종의 '배반감'마저 듭니다. 그래서 가끔 교수님 휴게실에서 아래와 같은 대화가 들리면 같이 끼여들고 싶은 충동을 느끼게 됩니다.

"학생들 중간고사 성적이 영 엉망이야. 교과서에 나오는 문제를 그대로 냈는데 반 이상이 틀렸어요. 요즘 녀석들 공부하는 태도가 완전히 글러먹었어!"

"간단한 수식 하나 제대로 외우지 못하니 나중에 무엇을 할 수 있을지 걱정입니다."

"그래요. 리포트를 보면 무슨 말을 썼는지 도무지 이해가 안 돼요. 애들이 제멋대로 쓰는 것 같아요."

"요즘 학생들 무서워요. 잘 모르는 것들이 설쳐대기는 또 얼마나 좋아하는지."

과부 설움은 과부가 잘 안다고 같이 모여 하소연 겸 화풀이를 하고 나면 속이 시원해집니다. 하지만 위에 나온 대화를 잘 살펴보면 세 가지의 공통점을 발견하게 됩니다.

(1) 학생들이 제대로 공부하고 있지 않다는 사실에 감정이 생기고 '자기 방어' 메커니즘이 발동됨.
(2) 학생들이 저지른 실수를 하나의 에피소드로 보지 않고 고정된 인간적 요소(능력)로 봄.
(3) 학생들을 '녀석들', '애들', '것들' 등 하찮은 존재로 인식함.

교수님께서 의도적으로 학생들을 내려보지 않아도 학생들은 재빨리 감지합니다. 다만 교수님께서 그렇게 한다는 것을 의식 못하고, 학생들은 불쾌감을 노골적으로 못 나타내고 있을 뿐입니다. 동료 교수님들과 위와 같은 대화를 나눌 때마다 학생들에 대한 부정적 선입견이 강화되기 때문에 문제는 서서히 악화됩니다.

학생들을 긍정적으로 인식한다

그래서 학생들을 긍정적으로 인식해야 한다고 생각하게 되었고 아래 글을 써서 연구실 벽에 붙여놓았습니다.

학생들이 모르는 것은 당연하다.
모르기 때문에 실수하는 것은 배우는 학생의 '권리'다.
하지만 학생들은 같은 실수를 반복하지 않도록 배워야 할 책임이 있다.
가르침이란 학생들이 배움을 책임지도록 돕는 것이다.

강의는 전문 지식 전달만을 뜻하지 않고 학생들이 '배움을 책임지도록' 유도하는 기술도 있어야 합니다. 동기 유발은 '유능한 교수의 핵심 특성' 여덟 가지 중에 하나이며 교수님의 마음 자세가 좌우한다고 했습니다. 교수님께서 학생들을 인격체로 대하고 존중해 주실 때에 비로소 학생이 모르거나 실수했을 때에 화를 내지 않게 됩니다. 물론 이런 긍정적인 교수님의 마음이 강의실 분위기와 학생들의 태도에도 긍정적인 변화를 가져옵니다.

✽ **잔소리 코너** ✽

(학생에 대한 관심이 전혀 없기 때문에) 부정적 감정마저 생기지 않는 교수님보다 화를 내는 교수님은 오히려 유능한 교수님이 될 희망이 많습니다. 왜냐하면 '화'와 '애정'은 같은 감정에서 비롯하기 때문입니다. 단, 마음을 표현하는 방향이 달라서 하나는 부정적이고 다른 하나는 긍정적으로 발산되는 것이라 생각합니다. 감정 표현 방법은 습관이지만 선택하기 나름입니다.

7
문제 학생 다루기

'문제 학생'이란 기초가 약해서 공부를 못 따라간다거나 아예 공부할 마음 자세가 없는 학생을 지적하는 것이 아닙니다. 사실 이런 학생들도 문제이긴 합니다. 하지만 여기서 말씀드리는 '문제 학생'은 수업 시간에 다른 학생들에게 부정적인 영향을 미치는 행동을 하는 학생을 뜻합니다. 예를 들어 책상에 엎드려 자는 학생 중에 코를 골며 자는 학생은 문제 학생입니다.

옆에 앉은 학생하고 수시로 잡담하는 학생, 핸드폰을 쓰는 학생, 화장실을 자주 들락거리는 학생, 수업에 항상 늦게 들어오는 학생, 수업 시간에 큰소리로 불평하는 학생, 교수님에게 불쾌한 태도로 대하는 학생. 이런 학생들을 어떻게 대해야 할까요.

그냥 지나치자니 강의실 분위기가 엉클어질 것은 뻔하고, 그렇다고 정면 대결하자니 일이 어떻게 전개될지 자신이 없고…… 잘못되는 경우에는 본전도 못 건질 수 있지 않습니까. 괜히 건드렸다가 낭패라도 보면…… 에라, 못 본 척하는 게 상책이라! 아닙니다. 문제는 초기에 잡는 것이 상책입니다.

문제 학생을 다루는 기술

문제 학생들을 가능하면 공개적으로 다루지 않는다
예를 들어 잠자는 학생이 있으면 수업 시간에 깨워서 야단치지 말아야 합니다. 남 앞에서 맞은 야단은 결코 약이 되지 않기 때문입니다. 가뜩이나 달콤한 잠에서 깨어나 기분이 상해 있는데 야단까지 맞으면 약이 올라 독으로 변하기 쉽습니다. 수업이 끝난 후 따로 교수님 연구실로 불러서 대화를 나누는 것이 바람직합니다.

문제 학생이 감정적일 때는 정면 충돌하지 않는다
사람이 감정적일 때는 남의 말이 귀에 들리지 않게 됩니다. 따라서 감정적인 학생에게 잘못된 행동이나 자세를 지적하면 그들이 어떤 반응을 보일지 예측할 수 없게 되어버립니다. 학생의 행동이나 자세를 컨트롤하기 위해 개입하는 것인데 개입의 결과를 컨트롤하지 못한다면 아예 처음부터 개입하지 말아야 합니다. 학생이 교수님의 말씀을 들을 준비가 될 때까지 기다려야 합니다.

'너와 나의 대결'이라는 태도를 마음에 품지 않는다
"자식, 두고 보자" 하는 식으로 벼르고 있다가 기회를 봐서 혼내줄 양으로 학생을 대하면 좋지 않은 결과를 초래하게 됩니다. 자존심 대결이나 개인적 차원에서 벗어나야 합니다.

허세를 부리지 않는다

"한 번만 더 하면 그냥 놔두지 않을 거야", "그래, 지금 네 맘대로 해. 나중에 후회할걸."

이런 식의 대립은 문제를 극으로 몰고 가고 있습니다. 뿐만 아니라, 만일 학생이 바람직하지 않은 행동을 정말로 한 번 더 했는데도 불구하고 아무런 조치가 없다면 허세가 허풍으로 변하고 맙니다. 교수님의 권위와 신의가 그날로 사라지게 됩니다.

학생이 왜 바람직하지 않은 행동을 하는지 이유를 이해한다

문제 행동은 다양하기 짝이 없습니다. 강의실 안에서 소란 피우기, 잡담하기, 신문 보기, 졸기, 화장실 자주 들락거리기는 그런대로 지나칠 수 있습니다. 하지만 교수님 말을 못 들은 척하기, 교수님에게 노골적으로 반발하기, 또는 고의적으로 시비 걸기는 피해갈 수 있는 문제가 아닙니다. 문제를 해결하지 않고는 수업을 정상으로 진행하기 어려운 지경이 되기 때문입니다.

문제를 해결하기 위한 첫 번째 단계가 이유를 알아내는 것입니다. 다행스럽게도 문제가 되는 행동은 다양하지만 문제 행동 저변에 깔린 이유는 대체로 한정되어 있습니다. 흔한 이유 네 가지를 말씀드리겠습니다.

(1) 문제 학생이 자신의 행동이 왜 바람직하지 않은지 모르고 있다

옆에 앉은 학생하고 작은 소리로 소곤거리는 학생은 자신의 목소리가 남에게 들리지 않을 것이라고 착각하는 경우가 많습니다. 과자 봉지를 부스럭거리면서 과자를 먹는 학생도 마찬가지입니다. 이런 경우에는 학생을 심하게 나무라기보다는 그저 자신의 그런

행동이 옆 학생한테 피해를 준다는 사실을 지적해서 깨닫게 함으로써 쉽게 해결할 수 있습니다. 이런 문제는 예방이 가장 효과적입니다. (예방 방법은 p. 168에서 말씀드리겠습니다.)

(2) 문제 학생이 수업 내용을 따라올 능력이나 준비가 부족하다

수업을 도저히 따라가지 못할 경우 수업이 지루하고 따분하게 느껴지고, 학생은 자기도 모르는 사이에 딴 짓을 하게 됩니다. 또는 좌절한 나머지 수업에 아예 신경을 끄고 '에라, 될 대로 되라'며 자포자기하게 되면 공동체에 대한 배려가 생기지 않게 됩니다.

이런 경우, 학생의 문제 행동을 지적하고 야단치기보다는 개별적으로 불러서 진로에 대한 자문을 해주는 것이 더 효과적입니다.

(3) 문제 학생이 권위자를 흉내내고 있다

교수님에게 삐딱하게 나오는 학생들은 삐딱하게 나올 수밖에 없는 삶을 살았을 확률이 높습니다. 이런 경우에는 교수님이 장기전을 치를 각오를 단단히 하고 문제 학생을 푸근하게 감싸주시면 학생이 누그러질 승산이 있습니다. 교수님이 학생들을 함부로 대하거나 하찮은 존재같이 대하면 학생들은 그와 같은 행동을 배우고 흉내를 내는 경우도 있습니다. 물론 이미 병적으로 성격에 이상이 생긴 학생인 경우는 대학 본부 또는 학생 상담실에 알리고 교수님께서 직접적인 충돌이나 개입은 가능한 한 피하셔야 하겠습니다.

(4) 문제 학생은 문제를 일으킴으로써 주목을 받거나 권력을 느끼거나 이득을 얻으려 한다

문제 학생은 문제 행동에 대한 교수님의 반응에 따라 새로운 문제를 계속 터트릴 수 있습니다. 옆 학생하고 잡담하지 못하게 했더니 아예 노골적으로 신문을 뒤적거린다거나, 강의실에 늦게 들어오는 것을 야단쳤더니 강의가 끝나기 전에 휙 나가버린다거나 하는 식으로 교수님의 신경을 자극하는 일을 도맡아 하는 학생이 있습니다. 마치 학생과 교수님의 머리 싸움이라도 하듯이 말입니다. 그러나 교수님께서는 '두 손뼉이 마주쳐야 소리가 난다'는 사실을 상기하셔야 합니다. 교수님은 학생을 컨트롤하겠다는 생각을 버리셔야 할 것입니다. 교수님께서 반응을 보이는 그 자체가 문제 학생의 (무의식적) 목적을 달성하게 하고 만족을 가져다주게 됩니다. 이런 경우에는 무반응이 바람직합니다. 그 대신 교수님의 인격으로 학생들을 암암리에 압도해야 효과적일 것입니다.

학생들에게 어떤 행동이 허용되지 않는지 확실히 알린다

문제 행동이 강의실에서 일어나지 않도록 하는 최선의 방법은 예방입니다. 예방하는 방법은 여럿 있겠습니다만 가장 효과적인 것은 수업 첫 시간에 교수님께서 허용하지 않을 행동이 무엇이다라는 것을 학생들에게 확실히 전달하는 것입니다. 이 내용은 '수업 계약서 준비하기'와 '규칙 나열하기'와 일맥상통합니다.

문제 행동이 일어날 때마다 교수님께서 "이런 행동은 용납되지 않습니다" 하고 지적하면 학생들은 교수님의 말씀을 그저 잔소리로 받아들일 확률이 높습니다. "앞으로 이런 행동을 하지 마시오"라고 새로운 '규칙'을 그때그때 내세우면 새로운 문제 행동이 나타날 때마다 똑같은 말을 되풀이해야 하니 학생이나 교수님이나 다들 지겨울 것입니다. 학생들 눈에는 교수님께서 신경이 예민하거나 성격이 까다로운 분으로 보일 것입니다. 그래서 허용되지 않는 행동을 첫 수업 시간에 미리 '발표'해 두어야 예방으로써 효력을 발휘하게 됩니다.

그러나 일단 허용되지 않는 행동을 발표한 뒤에는 후속 조치가 꼭 따라줘야 합니다. 예를 들어 '강의실에서 휴대폰 사용 금지'를 선언한 이후 휴대폰이 울렸으면 어떻게 해야 할까요? 다혈질인 교수님이라면 '욱' 하면서 화가 나겠지요. 그렇다고 그 자리에서 당장 학생을 야단치거나 휴대폰을 빼앗지 마십시오. 이렇게 하면 오히려 강의의 흐름을 차단하고 강의실 분위기만 흐트러지고 맙니다. 그러나 만약 교수님이 부처님 같으셔서 휴대폰 소리를 못 들은 척하고 지나치면 예방 조치가 그날로 무기력해지고 말 것입니다.

문제 행동이 벌어지면 교수님은 문제 학생을 보고 강의가 끝난 후 교수님 연구실로 오라고 간단히 지시하십시오. 이때 차분한 목소리로 모든 학생이 들을 수 있도록 말씀하십시오. 그리고 강의를 계속하십시오. 아마 이 정도면 학생들이 전부 자신의 휴대폰이 꺼져 있는가를 체크하리라 생각됩니다.

문제 학생이 교수님 지시에 따라 연구실로 찾아오면 꾸짖지 마시고 대신 학습 성취도나 진로에 대해서 함께 대화를 나눠보십시오. 그리고 대화를 끝내면서 지나가는 말처럼 휴대폰 금지 사항을 상기시켜 주십시오. 명령보다 부탁하는 말투가 더 효과적입니다. 아마 이 학생은 앞으로 강의실에서 휴대폰을 사용하지 않을 것입니다.

그러나 교수님 말씀을 무시하고 연구실을 찾아오지 않거나 문제 행동을 계속하는 학생이 있을 수도 있습니다. 이런 경우를 대비하여 금지 사항을 위반할 경우 감수해야 하는 불이익도 수업 첫 시간에 발표하셔야 합니다. 예를 들어, 첫 번째 위반은 경고, 두 번째부터는 학점을 감할 수 있겠습니다. 이런 규칙을 둘 경우 문제 행동과 학점은 서로 무관하지 않다는 설명을 붙여야 합니다. (전문인을 양성하는 공학을 강의하는 경우, 문제 행동 금지를 프로 정신(professionalism) 또는 공학도의 윤리관(engineering ethics)에 입각하여 위반 여부를 학점에 반영할 근거를 제시할 수 있습니다.)

어느 교수님께서 금지된 문제 행동을 여러 차례 위반했다는 이유로 강의실 규칙에 따라 한 학생을 낙제시켰다는 사실이 학생들 사이에 소문이 난 이후에 그 교수님의 강의실에서는 문제 행동이 깨끗이 사라진 예가 있습니다.

✽ 잔소리 코너 ✽

문제 학생을 대하는 기본 방침을 한마디로 줄인다면 '규칙은 엄하게, 대인 관계는 부드럽게'라고 할 수 있겠습니다. 예를 들어, 문제 학생이 교수님 연구실에 오면 꾸짖지 마시고, 명령보다 부탁하는 말투를 쓰는 것이 효과적이라고 말씀드렸습니다. "아니, 학생이 버릇없이 굴면 따끔하게 야단치든지 해야지, 협조를 부탁해? 이건 스승으로서 부드러운 것이 아니라 부끄러운 짓이 아니오?" 그리 생각할 수도 있겠습니다.

하지만 제가 어릴 적 들었던 말이 생각납니다. 70년대에 한국 교포들은 우스갯소리로 자신들을 '엽전'이라고 부르는 것이 유행이었습니다. 저는 이 '엽전'이란 말이 어떻게 생겨났는지 궁금했습니다. 그래서 제 선친께 말의 유래를 물어보았지요. 조선인은 엽전같이 속이 텅 비었다는 뜻으로, 일제시대 때 일본인들이 조선인을 얕잡아보는 비유였을 것이라 짐작된다고 하시더군요. 그러면서 한말씀을 덧붙이셨습니다. "엽전이란 겉은 둥글둥글하되, 속은 네모반듯하지 않은가. 그러니 사람이 엽전과 같다면 얼마나 좋을꼬. 모가 나지 아니하여 대인 관계를 원만히 하되 마음속은 정직하고 반듯하여 지조가 있어야 할 것이 아닌가."

엽전은 분명 속이 비어 있습니다. 그러나 둥근 겉과 네모난 속으로 볼 수도 있습니다. 보는 관점에 따라 엽전에 비유된 한국인은 너무나도 다른 뜻으로 해석됩니다. 이렇듯 학생에게 명령보다 부탁하는 말투로 대하는 것이 부드러운 일인지 쩔쩔매는 것인지 또한 생각하기 나름인 듯싶습니다.

'엄한 규칙과 부드러운 대인 관계'는 외유내강이란 말과도 어느 정도 관계가 있어 보입니다. 문제 학생뿐 아니라 모든 학생들을 대할 때 똑같이 적용되는 교육의 기본 방침이 아닐까 생각해 봅니다.

4장

학기 후반 강의 기술

1
시험도 운영하기 나름이다

기획하기

가장 흔한 학습 평가는 시험이나 리포트입니다. 그러나 시험/리포트 출제와 채점이야말로 교수의 업무 중에서 가장 지겹고 짜증 나는 일이 아닐까 합니다. 하루 종일 시험지나 리포트를 채점하노라면 눈알이 빠지는 듯 아픕니다. 한 번 읽고 두 번 읽어도 도대체 무슨 말을 하는지 알쏭달쏭할 때도 있고, 10점 만점에 7점이 타당한지 7.5점이 타당한지 판단하기가 모호할 뿐더러, 형편없는 결과가 나오면 우울해지기 짝이 없습니다. 학생들이 공부를 못하는 것인지(나는 잘 가르치는데), 아니면 내가 못 가르치는 것인지…….

미국에서는 시험지를 되돌려준 날 교수님들이 자신의 연구실로부터 도피하기도 합니다. 점수 1, 2점 따지고 드는 학생들이 교수 연구실 앞에 장사진을 치고 있기 때문입니다. 살짝살짝 웃으면서 점수 1점 더 달라고 아양 떠는 학생들은 애교로 봐줄 수 있겠지요. 하지만 교수님보다도 2배쯤 더 커 보이는 미식축구 선수가 인상을 팍 쓰며 따지고 들 땐 마음이 약해집니다. 따라서 피하는 게 상책이지요.

이 같은 일은 시험/리포트가 단지 '결과(평점) 지향적' 목적(summative evaluation)으로 쓰였기 때문에 일어납니다. 학생의 학습 효과를 점수로 환산하기 위한 목적으로 시험, 리포트를 치를 경우, 학생들의 관심사는 당연히 점수에 쏠리게 됩니다.

그러나 시험이나 리포트에는 '점수/학점 내기' 이외에 다른 목적도 있을 수 있습니다.

- 가장 중요한 내용에 대한 문제를 출제함으로써 교육 목표를 다시 한 번 더 뚜렷하게 제시해 주는 '포커스' 목적.
- 학생들이 공부하도록 하는 '동기 부여' 목적.
- 학생들에게 각자의 교육 목표 달성도를 측정해 보여주는 '학습 피드백' 목표.
- 교수에게 자신의 강의 효과를 측정해 보여주는 '강의 피드백' 목표.

위에 나열된 네 가지 목표는 '발전 지향적' 목표(formative evaluation)라고 볼 수 있습니다. 시험과 리포트를 관리할 때에 이러한 '발전 지향적' 목표도 염두에 두시면 좋은 학습 효과를 낼 수 있습니다.

문제 만들기

시험의 종류는 많습니다. 사지선다형 시험이 필요할 때가 있고 적절할 때가 있습니다. 수강생이 많다거나, 암기된 지식을 체크할 때에는 바람직한 방법이 되겠습니다. 그러나 대다수의 시험이 사지선다형이 될 경우에는 문제가 있습니다. 아래 글은 『한국인이 반드시 일어설 수밖에 없는 7가지 이유』에서 옮겼습니다.

〈2, 4, 6 다음에 오는 숫자는 8만이 아니다〉

어느 대학교수의 계산에 따르면 우리 나라 학생은 초등학교에 입학해서 수능 시험을 치를 때까지 한 학생당 사지선다형 문제를 평균 약 백만 번쯤 풀게 된다고 한다.

문제 하나, "2, 4, 6, 다음에 오는 숫자는?" 그리고 답은 4, 7, 8, 12 중에 하나를 고르라고 한다. 초등학생은 정확히 8을 집는다. 그리고 의기양양해한다. 중, 고등학생들은 1초도 생각하지 않고 '8'이라고 답한다. 그리고 이렇게 싱거운 문제를 왜 묻느냐는 듯 떨떠름한 표정을 짓는다. 대학생들은 머뭇거린다. 정답은 뻔히 8인데, 분명 어떤 농담이나 계략이 있는 게 아닐까라고 생각하면서.

그런데 과연 답이 하나뿐일까? 2, 4, 6 다음에 오는 숫자는 7도 되고 7.93도 되고 8154191111도 된다. 즉 6보다 큰 숫자는 다 맞는 답이다. 그렇게 무궁무진한 답이 있는데도 4개 중에서 선택을 요구하는 식을 반복하게 되면 나머지의 무한한 가능성은 미리 차단되어 버리고 만다. 창의력이란 불가능하다고 굳게 믿던 것조차 과감하게 깨뜨리고 생각의 한계를 넓혀가는 능력을 말하는 것인데 한국 학생들은 오히려 가능한 것조차 외면하는 훈련을 어릴 때부터 줄곧 받게 되는 것이다.

우스갯소리겠지만 어떤 젊은이는 선볼 때 한 사람씩 보면 도무지 판단이 서지를 않아서 네 명의 후보자를 동시에 보아야 감이 잡히겠다(잘 찍겠다)고 했단다. 사지선다형 문제 풀기에 길들여진 탓이다.

사지선다형 문제는 문제의 뜻도 모르고 답도 모른 채 눈감고 대충 '때려맞혀도' 맞힐 확률이 25%이다. 그런데 창의력은 100번을 시도해도 한 번 성공할까 말까이다. 에디슨은 2000번의 시행 착오 끝에 전구를 발명했다고 한다. 성공 적중률이 0.05%였던 셈이다. 적중률 25%에 익숙한 학생들이 0.05% 확률에 도전하려고 할까? 총 네 발만 쏘면 장난감 곰이라도 한 마리 잡을 수 있도록 훈련된 사람이 1000발을 쏘아도 잡을까 말까, 며칠씩 찾아 헤매도 볼까 말까 한 산속의 진짜 호랑이에 도전하려 할까?

어느 교수가 나에게 이런 고백을 했다. 외국에 유학 가려는 학생이 추천서를 들고 오면 수업 태도, 성적 등 다른 항목은 그런대로 자신 있게 써줄 수 있겠는데 어찌해 볼 수 없는 곤란한 항목이 있다고. "이 학생의 창의력 수준은?", "이 학생의 자율 학습 능력은?"

아니, 학생들한테 창의력을 발휘할 기회를 준 적이 있어야 창의력 수준을 평가하지. 또, 언제 대학생들이 자율 학습을 해봤나? ('자율 학습'이라는 이름으로 강제로 밤 12시까지 학교에 붙들려 있던 것?) 조금이라도 있던 것마저 표백되어 없어질 참인데…….

버나드 쇼(Bernard Shaw)는 훗날 자기가 받았던 교육을 회고하면서, "내 교육이 중단됐던 유일한 시기는 바로 내가 학생이었을 때뿐"이라면서 19세기 영국 교육의 무용성을 꼬집었다. 산업화 시대에는 서구의 다른 나라에서도 교육 과정에서 창의성이 무시되거나 억눌렸던 모양이다. 그런데 한국에서는 오늘날까지도 모두 획일적인 학교 교육을 받으며 대다수가 창의력 말살 교육에 길들여지고 있다. 비극이다.

주어진 네 가지의 답 중에 하나를 골라야 하는 강제가 빚어내는 또 하나의 비극이 있다. 학생들은 선생님, 학교 당국, 교육부가 준 네 가지 답 이외의 가능성에 대해서는 일언반구 말할 수 없다. 다른 가능성을 생각하다가는 낙오자, 문제아 취급을 받는다. 그래서 학생들은 권위자로부터 주어진 네 가지 답 가운데 정답이 하나 있음을 암암리에 순응한다. 즉, 체제 순응형 인간이 되어가는 것이다.

지난 가을 지하철 수유역 벽에는 초등학교와 중학교 학생들이 4·19 탑 공원을 그린 미술 전시회 입상 작품들이 전시되어 있었다. 어린 학생들 그림 수준이 참 대단하다고 느꼈다. 그러나 이렇게 그릴 대상이 정해져 있을 때는 잘들 하는데 그냥 흰 종이를 주고 보이지 않는 대상을 그리라고 한다면 어떤 결과가 나올까? 미대 교수의 말이다. 데생 훈련을 잘 받고 대학에 들어온 학생들에게 대상물을 주고 그리라 하면 잘 그리지만 그냥 그리고 싶은 대로 그리라고 하면 머뭇거린다고 한다.

사회 과학 연구소에서 일하는 친구의 말도 비슷하다. 설문 조사를 해도 사람들이 자기 답을 적지 않고 '정답'을 쓰기 때문에 현실을 파악하기가 어렵다는 것이다. 왜 정답을 쓸까? 아니, 왜 정답이라고 추측하는 답을 쓰면서 출제자의 기준에 맞추려고 할까?

산업 시대 교육을 받았기 때문이다. 산업화를 성공적으로 이루기 위해서는 체제 순응형 인력이 필요하다. 산업화란 기계를 이용해서 똑같은 상품을 빨리, 많이 만들어내는 생산 경제 체제였으니까. 이런 획일적, 기계적, 대량 생산 체제에서 '남과 다른 생각, 남과 다른 행동'은 위험 천만이다. 교복도 남과 똑같이 입어야 하고, 머리 모양도 같게 하고, 교과서도 한 가지로 배운다. 교복을 입고 자란 지금 40대 이상의 사람들은 기억할 것이다. 남보다 머리카락이 단 1센티미터만 길어도 어떤 처벌을 받았는가를, 교복 속에 빨간 스웨터라도 입고 간다면 어떤 엄벌이라도 각오해야 했던 것을. 학생들을 이렇게 길들여야 정부의 지도력에 잔소리를 하지 않고, 대기업의 수출 위주 지시에 묵묵히 따라가는 일꾼이 된다.

아이디어 시대에 상부에서 결정한 대로 따라주는 예스맨(yes-man, 체제 순응형 일꾼)은 필요 없다. 사장도 무엇을 어떻게 만들어야 경쟁력이 높아지는지 모를 때가 더 많기 때문이다. 반짝이는 창의력이 샘솟는 인력이 필요한 시대다.

시험 운영하기

연필과 지우개만 허락되는 '전통적' 시험(closed book)이 있는가 하면 수험생이 교과서, 참고서, 노트를 원하는 대로 지참할 수 있는 '열린' 시험(open book)이 있습니다.

정보화 시대에는 학습 내용을 달달 외워 아는 암기 능력은 필요 없고, 정보를 선별하고 응용하고 판단할 수 있는 능력이 중요하다는 점을 강조하기 위해 '열린' 시험을 원칙적으로 선호하는 교수님이 있습니다. 시험을 치르기 직전 수험생들에게 "교과서를 열고 노트를 열어도 좋지만, 가장 중요한 것은 자신의 마음을 열어라!"라는 설교를 덧붙이기도 합니다.

'열린' 시험을 대하는 학생들의 마음은 두 가지로 갈립니다. "온갖 참고서를 다 지참해도 되니 시험 문제가 얼마나 어려우랴" 하며 은근히 걱정하는 비관적인 학생이 있는가 하면, "참고서가 있으니 왠지 마음이 푸근하다"는 낙천적인 학생이 있습니다.

'전통적' 시험과 '열린' 시험은 둘 다 나름대로 장단점이 있게 마련입니다. 교육 목표에 따라 선택하면 각각의 장점을 발휘할 수 있겠습니다. 예를 들어 학생들이 학습 내용을 어느 정도 알고 있는가를 측정하는 시험이라면 당연히 '전통적' 시험이라야 하겠지만, 학습한 지식을 얼마나 잘 응용하는가를 측정하는 시험은 '열린' 시험이라도 상관없다는 것입니다.

그러나 '열린' 시험을 치르는 중에 참고서를 긴요하게 쓰는 학생은 별로 보지 못했습니다. 교과서나 노트를 뒤적거리면서 아까운 시간만 낭비하는 학생이 많습니다. 페이지 넘기는 소리가 요란하여 옆에 앉은 학생들을 방해하기도 합니다. 그리고 참고서가 허락된다고 하니 암기해서 알아두어야 하는 기본 내용마저 참고서에 의존하려는 버릇이 생기기도 합니다.

이러한 '열린' 시험의 단점을 보안하는 방법을 소개하겠습니다. 참고서를 학생들이 원하는 만큼 지참하지 말고, 학생 각자 중요하다고 생각되는 내용을 요약한 '시험 참고지'를 한두 장 정도로 준비하게 합니다. 몇백 장이나 되는 교과서 내용을 한두 장으로 간략하게 축소하기 위해서 학생들은 무슨 내용이 중요한가를 판단해야 합니다. 그리고 시험 볼 때 도움이 되도록 요약한 내용을 일관성 있게 합리적으로 정돈해야 합니다.

사실 학습 내용을 훌륭하게 요약하고 정돈한 학생은 시험을 볼 때 '시험 참고지'가 필요 없습니다. 결국 많은 학습 내용을 거르고 요약하고 정돈하는 일 자체가 매우 효과적인 학습 방법인 셈이지요.

2
시험 결과로
이후 강의 방향을 정해라

플러스 점수 방식으로 채점하기

시험지를 채점할 때 흔히 두 가지 방법을 씁니다. (1) 틀린 곳에다 X표를 찍 긋고 -2, -5점 등을 표시하고, 합산된 점수를 만점에서 빼서 최종 점수를 계산하는 방법, (2) 맞은 곳에다 +2, +5점 등을 표시하고, 합산된 점수가 최종 점수가 되는 방법입니다.

어떤 방법을 쓰든지 최종 점수는 같으니 그게 그것이라 할 수 있습니다. 그러나 조삼모사라는 말이 있듯이 두 방법은 심리적 차원에서 다르게 작용합니다.

마이너스 점수로 '깎아 내려가는' 첫 번째 방법은 비판적이고 '벌'의 개념이 지배합니다. 모자라거나 틀린 점에 초점이 맞추어지기 때문에 학생들은 야단맞은 기분을 느끼게 됩니다. 이런 경우 학생들이 시험지를 되돌려 받고 점수를 볼 때 순간적으로 느끼는 감정은 반항이고, 곧 불쾌와 분노로 이어집니다.

"@#*&%! 왜 5점씩이나 감점이야! 내가 뭘 잘못했다고?"

학생들 눈에는 틀린 점만을 낱낱이 꼬집어내는 교수님이 너무 깐깐하게 보이거나 쩨쩨하게 느껴지기도 할 것입니다. 사실 마이너스 점수로 채점할 때에 교수님은 시험 답안지 어디가 틀렸는가에 주력하게 됩니다.

그 반면, 플러스 점수로 '쌓아 올라가는' 두 번째 방법은 건설적이며 '상'의 개념이 포함되어 있습니다. 잘된 점이 강조되고, 옳음이 인정되기 때문입니다. 10점 만점에 10점을 맞은 학생은 흐뭇함을 느낄 것이며, 5점 맞은 학생은 순간적으로 실망스러울 것이지만 불쾌한 감정으로 치닫지는 않습니다. "왜 5점밖에 안 줬을까?" 하고 살펴보는 데 시간이 걸리기 때문입니다. 그리고 교수님들은 학생이 무엇을 잘했는가를 찾아내려고 합니다. 이럴 경우, 비록 학생이 세세한 점에서 약간 틀렸더라도 기본을 정확하게 이해하고 있다고 판단되면 좀더 후한 점수를 주게 될 것입니다.

"야단맞고 크는 어린이는 소심해지고, 칭찬받고 크는 어린이는 자신감이 큰다."

이 말은 다 자란 대학생들한테도 다분히 적용되는 말이라 생각됩니다. 시험은 잘잘못을 가려내고 학생들에게 정확한 피드백을 줘야 하는 것이지만 같은 말이라도 웃으면서 하는 것과 찡그리면서 하는 것과는 차이가 큽니다.

플러스 점수나 마이너스 점수나 채점하는 데 걸리는 시간은 똑같고 학생들에게 도움되기는 마찬가지입니다. 그러므로 이 차이를 그리 심각하게 생각하실 필요가 없습니다. 같은 값이면 다홍치마라는 말이 있듯이 이왕이면 플러스 점수로 표시하는 방법을 써보시면 어떨까요.

시험지 돌려주기

시험이 끝나고 시험지를 걷는 순간부터 교수님의 악몽 같은 시간이 시작됩니다.

학생들이 학습 내용을 충분히 소화해 내고 이전보다 한두 단계 높은 차원에서 이해한다는 증거가 보이면 좋으련만, 그 반대로 설익은 음식을 먹고 토해내듯 한 시험지를 채점하다 보면 점점 더 따분하고 지겨워집니다.

가끔 신통한 답안지를 대하면 뭔가 뿌듯한 마음이 들기도 하지만, 어이없는 답을 볼 때에는 한심하다 못해 화가 치밀고, 평균 시험 점수가 낮으면 허무해지지요.

그런 시험지와 옥신각신해야만 하는 자신이 처량하게까지 느껴집니다. 대체로 시험지 채점하기를 즐거워하는 교수를 만난 적이 없습니다.

그래서 '웬수' 같은 시험지 채점하기를 뒤로 미루기 쉽습니다. 하루, 이틀은 물론이거니와 1~2주일이 지나가기도 합니다. 그러나 그동안 마음이 편할 리가 없지요. 큰일 보고 밑 안 닦은 기분일 테니까요. 시간이 갈수록 찜찜하고 짜증스럽지 않습니까.

학생들도 마찬가지일 것입니다. 잘했거나 못했거나 시험 결과는 기다려집니다. 그래서 시험지를 제때 되돌려 받지 못하면 학생들은 허공에 붕 떠 있는 기분이 들어 신경만 잔뜩 쓰이고 새로운 내용을 강의해도 별로 마음 내켜하지 않습니다.

그러므로 시험지는 가능한 한 다음 수업 시간까지 채점해서 돌려주는 것이 좋습니다. 어차피 해야 할 일을 함으로써 얻는 해방감!! 속이 후련해지고 스트레스를 덜 받게 되는 장점, 다음과 같은 여러 교육 효과를 한꺼번에 얻을 수 있습니다.

적시에 피드백 목적을 이룬다

피드백은 타이밍이 중요합니다. 쇠가 달구어졌을 때 곧바로 식혀야 강해지듯 학생들도 시험 직후에 결과를 알려줘야 발전이 있습니다.

시험으로써 일단락을 짓는다

긴 한 학기를 여러 단락으로 구분하는 것은 여러모로 중요합니다. 배워야 할 내용을 한 학기 내내 질질 끄는 것보다 한 단계 한 단계 끝을 맺는 맛이 있어야 학생들도 성취감을 느낄 수 있고 재충전할 계기가 됩니다.

시험 결과로써 강의의 방향을 정한다

시험 결과에 따라 교수님께서 강의를 조정하실 수 있습니다. 진도를 나가는 대신 복습을 해야 할지, 좀더 빠르게 진행해야 할지, 강도 높은 숙제를 좀더 내줘야 할지, 퀴즈를 내어 학생들을 좀더 조여야 할지, 오히려 느슨하게 해야 할지 말입니다. 학생들의 수업 목표 달성도를 빨리 파악할수록 교수님께서 더 효과적인 강의를 하실 수 있습니다.

시험지를 빨리 돌려주시는 교수님은 '학생을 배려하는' 교수님으로 인식됩니다('학생을 배려하는 마음'은 유능한 교수의 핵심 특성

제1번임을 상기시켜 드립니다).

시험지를 다음 수업 시간까지 학생들에게 되돌려주는 행위 하나만으로도 교수님의 강의 평가 점수가 0.25점 향상되리라 믿습니다.

학기말 성적 계산하기

학기말 성적을 계산하기가 여간 신경 쓰이지 않습니다. 시험, 숙제, 퀴즈, 학기말 시험 등등에 어느 정도 비중을 두는가에 따라 학점이 크게 차이가 날 수 있기 때문입니다.

그뿐 아니라 어디에 비중을 주는가에 따라 학생들이 민감하게 움직이고 학습 효과에 큰 영향을 미치기 때문입니다.

다음 두 가지 예는 흔히 볼 수 있는 학점 산출법입니다.

	계산법 A	계산법 B
숙제/퀴즈	10%	25%
시험 1	15%	25%
시험 2	25%	25%
학기말 시험	50%	25%
합	100%	100%

계산법 A는 학생들이 좋은 학점에 대한 희망을 최후까지 가지고 노력하게 합니다.

시험지를 채점하다 보면 여러 종류의 학생들을 발견하게 되는

데, 처음에는 힘들어하다가 어느 순간부터 갑자기 잘하는 학생도 더러 있습니다. 순차적(sequential)보다는 전체적(global) 학습 스타일을 선호하는 학생들에게서 이런 현상이 나타나지요.

그러나 중간 시험을 '개기면' 일단 맥이 빠지게 됩니다. 학기말 시험을 아무리 잘 봤자 겨우 C학점을 받게 될 테니 말입니다. 학생들이 비록 중간 시험을 못 봤지만 교육/수업 목표를 학기가 끝나기 전에 충분히 달성하였다면 C학점을 줄 수는 없다고 생각합니다. 그래서 구제가 가능한 산출법 A는 '진보적 성적 계산법'이라 할 수 있습니다.

그러나 이 방식에도 문제가 있습니다. 왜냐하면 한 학기 내내 잘하다가, 예상치 않은 일로(감기에 걸렸다거나, 집안에 일이 생겼다거나 해서) 학기말 시험을 망칠 수 있기 때문이지요. 특히 40~50%라는 큰 부담감은 불안감을 초래하고, 불안한 상태에서 학생들은 제 실력을 제대로 발휘하지 못한다는 연구 결과도 있습니다. 이럴 경우를 우려하는 교수님은 계산법 B를 선호합니다. 계산법 B는 꾸준히 공부하고 차근차근 자신의 성적을 '쌓아가는' 학생들에게 유리합니다.

특히 시간에 쫓기는 학기말 시험 기간 동안 여유를 가지게 해줍니다.

'복식형 성적 계산법'을 쓴다

저는 오랫동안 두 가지 계산법을 매학기 번갈아가며 써왔습니다. 어느 계산법도 학생의 학습 성과도를 완벽하게 반영하지 못하기 때문이지요. 그래서 저는 '복식형 성적 계산법'을 착안하게 되었습니다.

학점을 두 가지 방법으로 계산하여 둘 중 더 높은 학점을 채택하여 성적표에 기입합니다. 원하시면 세 가지 방법으로 계산할 수도 있겠습니다.

예전에는 한 가지 계산법으로 학점을 계산하기도 벅찼던 시절이 있었지만 지금은 컴퓨터가 있으니 아무 문제가 되지 않습니다. 이 계산법은 학생들이 상당히 좋아합니다.

✽ 잔소리 코너 ✽

학생 중심 교육이라는 것은 학생이 원하는 대로 해주는 것이 아닙니다. 학생들의 다양성을 인정하고 그들이 최선을 다하도록 장려하고 배려하는 교육이 학생 중심 교육입니다.

✽ 또 잔소리 코너 ✽

이것이냐 저것이냐 둘 중 하나를 선택해야 하는 흑백논리는 구시대적입니다. 새 시대에는 이것저것 둘 다 동시에 포용하는 열림의 시대입니다.

3
형성 지향적 평가를 하라

시험 결과 평하기

시험지를 되돌려주면서 교수님께서는 시험 결과에 대한 전반적인 평을 하게 됩니다.

코멘트 1: "시험 평균 점수는 67점입니다. 썩 좋은 결과는 아닙니다. 세 번째 문제는 학생들 대다수가 틀렸습니다. 여러분들이 앞으로 좀더 분발해야겠습니다."

코멘트 2: "이번 시험 평균 점수는 형편없어요. XX에 대해서 수업할 때 학생들 정신은 어디에 있었는지……. 세 번째 문제는 질문마저 제대로 이해하지 못한 것 같아요. 다음 시험에도 수준 미달이면 이 수업 패스하기 어려울걸요."

코멘트 3: "아니, 이것도 시험이라고 봤나? 어쩜 이토록 못하는가. 도대체 뭘 생각했기에 세 번째 문제는 깡그리 다 틀렸지? 학생들, 학교에 놀러 왔나? 이래가지고 앞으로 뭘 하겠다는 건가?"

위 코멘트에는 공통점이 있습니다. 입에서 거품 나는 정도는 차이가 있지만 셋 다 성적이 좋지 않은 탓을 100% 학생에게 돌리고 있습니다. "성적이 나쁜 이유는 학생들이 잘못 배웠기 때문이다 (내 가르침은 훌륭했는데……)"가 꾸지람의 포인트입니다. '혹시 내가 잘못 가르쳤기 때문이 아닐까?' 하고 의심하다가도 학생들 앞에서 큰소리로 한바탕 야단치고 나면 역시 그들의 잘못이라는 결론에 확신을 얻게 됩니다. 그래서인지 꾸지람을 맹렬하게 할수록 시험지를 채점하는 동안 쌓였던 스트레스가 빨리 내려가고 속이 후련해집니다. 아마 시험지 되돌려줄 때 잔소리 참기가 운전할 때 욕 참기만큼 어려운 일이 아닐까 싶습니다.

그러나 배움이 없었다면 과연 가르침이 있었다고 말할 수 있을까요? 잘 가르치는데 못 배울 수가 있나요. 시험에 나타난 학생의 평균 학습 목표 달성도가 부진하였다면 그 책임은 반까지는 아니더라도 3분의 1 정도는 교수님에게 있다고 생각됩니다.

야단치는 대신 칠판에 격언 하나 써보시는 것이 어떨까요.

"낙제와 낙오자는 다르다. 낙제는 단지 하나의 사건일 뿐이다."

이 글을 쓰면 교실 여기저기에서 긴장감과 뒤범벅된 묘한 웃음소리가 나옵니다.

'시험 성적이 얼마나 나쁘면 저런 '격려'의 말씀을 다 하실까.'

자신에게 해당되는 말이 아니기를 바랄 것입니다.

학생들의 불안한 웃음소리가 가라앉으면 설명을 덧붙입니다.

"성공도 단지 하나의 사건일 뿐이다."

성적을 잘 받은 학생들에게 충고하는 말로 변해버립니다. 점수 잘 받아 우쭐대던 학생들을 겸손하게 만들지요.

시험지를 돌려줄 때 중요한 것은 시험을 못 본 학생들이 좌절하지 않고 분발하도록 격려해 주는 일이며, 시험을 잘 본 학생들이 방심하지 않도록 이끌어주는 일입니다. 교수님이 어떤 자세로 임하는가에 따라 분위기가 좌우됩니다.

시험 평가서

일반적으로 교수님들은 시험 결과를 단 하나의 숫자(점수)로 압축합니다. 채점된 시험지를 되돌려주면 학생들의 눈은 일제히 첫 장에 적힌 점수로 향합니다. 시험지를 한번 쓱 훑어보고, 혹시 교수님께서 점수를 제대로 주셨는가, 또는 점수가 제대로 합산되었는가 따져봅니다. 아무 이상이 없으면 가방 속에다 넣습니다. 가끔 (점수가 매우 나쁘면) 시험지를 구겨 쓰레기통에 던져버리기도 하지요.

96점…… 쓱 으쓱! 78점……재수 더럽게 없네. 62점…… 교수님이 무지 짜다! 35점…… 난 구제 불능이야.

이렇게 자기의 시험 점수에 나름대로 감정적인 반응을 보입니다. 만점을 받지 못했으면 "왜 그럴까?", "어떻게 하면 다음엔 더 잘할 수 있을까?"를 체계적으로 알려고 하지 않고, 그냥 피상적으로 남의 탓이나 불운으로 돌려버립니다. 이런 학생들은 발전할 수 없습니다.

시험의 '발전 지향적' 요소를 활용하기 위해 의욕적인 교수님께서는 시험지 귀퉁이나 한쪽 옆에다 코멘트를 적기도 합니다. 그러나 시험지가 많을 때엔 각 시험지마다 한두 마디씩만 적어도 시간이 너무 많이 걸립니다. 그래서 결국 마음만 있을 뿐 행동으로 옮기기가 쉽지 않습니다.

저는 코멘트를 시험지에 일일이 적는 대신 자주 쓰는 코멘트를 나열한 〈시험 평가서〉를 미리 준비합니다. 〈시험 평가서〉에는 교과 내용에 대해 부족한 부분을 지적하고 복습해야 할 페이지를 일러줍니다. 시험이 '문제 풀기'인 경우, 미숙한 '문제 풀기' 테크닉에 대한 코멘트를 하기도 합니다. 다음에 추가한 열역학 〈시험 평가서〉를 예로 들겠습니다.

열역학 시험 평가서

시험 결과에 다음 사항이 부족하다고 나타났습니다.

1. 교과 내용
phase diagram에 대한 이해가 부족합니다. Ch. 3 Sec. 2~4
thermodynamic property를 구하지 못합니다. 3.3~4, 6.3.3~4
property 관계를 모르고 있습니다 3.3.4~5, 3.5, 6.3~4
열역학 제1법칙에 대한 이해가 부족합니다. 2.2
열역학 제1법칙을 SSSF에 응용하지 못합니다. ch. 4
Carnot efficiency에 대한 이해가 부족합니다. 5.6~7
엔트로피를 계산하는 수식을 혼동하고 있습니다. 5.1~5, 6.5~9

2. 문제 풀기 테크닉

문제(주어진 정보)를 주의 깊게 읽지 않았습니다.

결과 : 엉뚱한 해답을 추구함

정돈되어 있지 않습니다.

결과 : 혼돈에서 오는 실수를 저지름

가정(assumption)의 타당성을 따지지 않았습니다.

결과 : 문제를 필요 이상으로 간소화하거나 필요한 만큼 간소화하지 못함

단위를 혼동하거나 무시했습니다.

결과 : 무의미한 답이 계산됨

계산된 답이 합리적인가 살펴보지 않았습니다.

결과 : 현실적이지 못한 답이 계산됨

3. 결론
- 부족함이 없습니다.
- 부족함이 약간 있습니다. 위에 지적된 부분을 주의하면 교육 목표를 쉽게 이룰 수 있겠습니다.
- 부족함이 심각합니다.
- 시험지를 자세히 관찰하고 난 후 발전 계획서를 작성해서 제출하기 바랍니다.

이렇게 〈시험 평가서〉를 미리 준비해 놓으시면 채점할 때 해당 사항을 체크하는 데에 한 학생당 30초도 채 걸리지 않습니다. 시험지가 100장이라도 한 시간 정도면 충분합니다. 〈시험 평가서〉 밑에 교수님 친필로 Excellent, Very good, 시험 점수가 나쁠

경우 Please see me라고 간단하게 적으면 더 효과가 있습니다.

〈시험 평가서〉를 시험지와 함께 되돌려주고 학생들의 모습을 보십시오. 점수로 향했던 학생들의 눈이 〈시험 평가서〉를 보는 순간 휘둥그레집니다. '역시 학생들을 위하는 교수님이다!' 하는 표정을 얼굴에서 읽을 수 있습니다. 제 경험으로는 〈시험 평가서〉를 활용한 이후 한번도 점수 더 달라고 조르거나 따지는 학생이 찾아온 적이 없습니다. 시험의 초점을 '점수(결론)'에서 '학습(과정)'으로 옮기는 데에 성공한 셈이지요.

이렇게 한 시간 정도 투자하면 연구실에서 도피할 필요가 없으니 시간도 벌고, 학생들과 점수 가지고 신경전 벌이지 않으니 정신 건강에도 좋고, 학생들이 존경하니 강의 평가 점수도 올라가고 일석삼조군요.

시험 자체 평가서

학생들이 시험을 못 보는 이유는 여러 가지입니다. 물론 "어떻게 이런 학생이 대학에 들어왔을까?" 하고 능력이 의심스럽기까지 한 경우도 가끔 있지만, 대부분은 대학에 들어온 이후에 공부를 하지 않아서입니다. 그런 학생을 불러다가 상담할 때 자주 반복되는 대화의 예를 들겠습니다.

교수: "학생, 도대체 어떻게 할 작정인가요?"
학생: [진지하고 엄숙한 표정으로] "앞으로는 열심히 하겠습니다."
교수: "어떻게 열심히 하겠다는 것인가요?"

학생: 〔비장한 각오의 낮은 목소리로〕 "매일 두 시간씩 이 과목을 공부하겠습니다."
교수: "……(내일 아침 해가 서쪽에서 뜨려나?)"

이렇게 막연한 다짐을 하거나 비현실적인 계획을 세울 때 시험 점수가 좋아지는 경우는 극히 드뭅니다. 매일 두 시간씩 공부하기는커녕 계속해서 숙제마저 하지 않기 때문입니다. 그러나 시험 못 본 학생들의 십 중 팔구는 이런 희망 사항이 이미 실현이라도 된 것인 양 착각하기도 합니다.

저는 이런 '순진한' 학생들을 도와주기 위해서 중간고사를 치른 직후 시험지를 되돌려주기 전에 학생들이 〈시험 자체 평가서〉를 작성하여 제출하게 합니다.

시험 자체 평가서

이 수업의 교육 목표를 달성했습니까?

만약 달성하지 못했다면, 앞으로 남은 기간 내에 어떻게 달성하고자 합니까?

현실적인 방안을 구체적으로 쓰시기 바랍니다.

"예, 수업의 교육 목표를 달성했습니다"라고 짤막하게 한 줄 써 내는 학생이 있는가 하면, 고백성사라도 하듯이 자신의 나쁜 학습 습관을 일일이 분석하고 주일 학습 시간표까지 작성하여 제시하는 학생도 있습니다.

〈시험 자체 평가서〉는 크게 세 가지 효과가 있습니다.

1. 학습 달성도를 학생 스스로 판단하는 기회를 줍니다. 이렇게 함으로써 학습의 책임을 학생 스스로 가지게 됩니다.
2. 남이 이렇게 저렇게 하라고 해서 하는 것보다 본인이 스스로 생각해 낸 방안은 좀더 쉽게 행동으로 옮기게 됩니다.
3. 자신이 무엇무엇을 하겠다고 말로 약속하기보다 글로 적으면 훨씬 더 확실하게 실천하게 됩니다.

학생의 시험 결과와 〈시험 자체 평가서〉를 대조해 보고 다음 세 종류의 학생을 차례로 만나 상담합니다.

1. 시험은 못 봤는데 "예, 수업의 교육 목표를 달성했습니다"라고 적은 (주제 파악하지 못한) 학생.
2. 시험은 못 봤지만 앞으로 매일 다섯 시간씩 공부해서 A를 받겠노라고 맹세하는 (허무맹랑한) 학생.
3. 시험지가 거의 완벽에 가까운 (기특한) 학생.

세 번째 종류의 학생을 만나서는 (만일 그 학생이 더 발전하기를 원한다면) 그 학생의 능력에 도전이 될 만한 과제를 특별히 내주거나, 대학원 진학에 대한 개별 지도를 해줄 수 있습니다.

4
성적 부진을 탓하기보다 정신적 장애를 살펴라

학생이 문제를 잘못 푸는 것은 반드시 머리가 나빠서가 아닙니다. 몇 가지 이유가 있을 수 있습니다. 애덤스는 문제 풀기를 방해하는 요소를 다섯 가지의 장애로 구분하였습니다.

지적 장애

지적 장애는 부족한 지식이나 부적절한 지식 사용을 뜻합니다. 공부를 하지 않았거나 연습 문제를 충분히 풀어보지 않았을 때에 생기는 장애입니다. 교수님께서 좋게 지도해서 공부를 열심히 하게 되는 학생도 가끔 있지만, F 맞을 각오하고 놀겠다는 학생일 경우에는 별 도리가 없습니다.

감정적 장애

감정적 장애는 실패에 대한 불안감 또는 두려움을 뜻하며, 시험 볼 때에 가장 흔히 작용한다고 합니다. 시험 보고 나면 "아니, 이렇게 쉬운 것을! 다 아는 내용인데 깜빡 했어!" 하고 한숨을 푹푹 쉬는 학생들이 항상 있습니다. 핑계가 아닙니다. 감정적 장애 때문에 잦은 실수를 저지르고 실력을 제대로 발휘하지 못한 것이지요.

물론 공부를 하지 않아서 시험에 대한 자신감이 없기 때문에 불안해할 수도 있습니다. 그러나 사실 공부를 많이 한 학생들도 불안감을 느낍니다. 아드레날린이 필요 이상으로 분출되거나 커피를 퍼마셔서 카페인 에너지가 넘칠 때도 흥분됩니다. 이럴 경우에는 시험 보기 전에 가벼운 운동을 한다거나 심호흡을 한다거나 명상을 해서 들뜬 에너지를 가라앉히는 것이 최고의 방법이지요.

그런가 하면 교수님께서 시험에 대한 공포를 (고의적이 아니겠지만) 조장하기도 합니다. 예를 들어 시험 보는 날 교실에 늦게 들어가서 학생들을 초조하게 만들거나, 황당한 문제를 출제하여 학생들을 당황하게 만들거나, 답을 깨끗하게 쓰지 않으면 감점하겠다고 겁주거나, 이번 시험으로 A학생과 F학생을 구분할 것이라고 으름장을 놓거나 등등입니다.

이런 경우에는 학생이 아무리 명상을 하고 도사급 단전호흡을 해도 감정적 장애에서 완전히 벗어나기 힘들 것입니다. 교수님이 시험실 분위기를 완화시키고 학생들의 긴장감을 적당히 풀어주시면 좋습니다.

문화적 장애

문화적 장애는 가능성이 있는 풀이 방법이나 경로를 미리 제외시킵니다. 실제로 있었던 일을 예로 들어 설명하겠습니다.

제가 신임 교수님들을 대상으로 교수법을 강의할 때의 일입니다. 참석하신 교수님들께 "여기 케이크가 있는데 어떻게 하면 단 세 번의 칼질로 케이크를 8등분할 수 있겠습니까?"라고 물었습니다.

한참 동안 침묵이 흘렀습니다. 눈앞에 허깨비 케이크를 상상하고 손으로 열심히 칼질하는 교수님이 여기저기 보이더군요. 1~2분 후에 두 분의 교수님이 손을 번쩍 들었습니다.

"한 번, 두 번은 위에서 아래로 자르고, 세 번째는 옆으로 자르면 됩니다."

그런데 정답을 낸 두 분의 교수님들은 미국 태생이 아니라 중국계 유학생 출신 교수였습니다.

미국인 교수들은 두 번 놀라워했습니다. 답이 너무나 '몰상식'해서 한 번 놀라고, 답이 너무나 당연해서 두 번 놀랍니다. 아니 미국에서 어느 몰상식한 인간이 생일 케이크를 가로로 자릅니까! 그러나 케이크 자르는 문제를 단순한 기하학적 문제로 생각해 보니 너무나도 쉬운 문제였습니다.

결론은 미국인 교수가 머리가 나빠서 문제를 풀지 못한 것이 아니고, 그 문화에 젖어 있었기 때문에 케이크를 옆으로 자를 생각을 아예 하지 못했던(안 했던) 것입니다. 아마 중국에서는 떡을 옆으로도 자르는 모양입니다.

가능성이 있는 풀이 방법이나 경로를 미리 제외시킨다는 문화적 장애는 한 나라의 전통과 생활 습관 내지 사고방식에서만 비롯하지 않습니다. 모든 집단은 각자 나름대로 독특한 문화가 있습니다. 대학의 수평적 문화, 군대의 수직적 문화를 비롯하여 기업, 정부, NGO(Non-Governmental Organization) 등 모든 조직체는 서로 다른 문화권을 형성하고 있습니다. 그래서 하나의 조직체(문화권) 안에서 끼리끼리 모여 문제를 풀려고 할 때에 한계에 부딪힙니다. 문화적 한계를 초월하기 위해서는 다양한 배경과 폭 넓은 분야의 인재들이 함께 모여 팀워크로 문제를 풀어나가야 합니다.

가능성이 있는 풀이 방법이나 경로를 미리 제외시킨다는 문화적 장애는 '공대'라는 문화권에서도 흔히 볼 수 있습니다. 예를 들어 설명하겠습니다.

어느 백화점에 엘리베이터가 너무 느릿느릿하게 움직여서 고객의 불평이 많았습니다. 그래서 백화점 지배인은 이 문제를 엔지니어링 자문 회사에 의뢰했습니다. 엔지니어링 자문 회사는 이 문제를 해결하기 위해 엔지니어를 여섯 명이나 동원하였습니다. 엔지니어들은 열심히 엘리베이터를 분석하고 속도 증가에 필요한 힘을 계산해서 1주일 만에 새로운 장치를 디자인하는 데 성공했습니다. 엘리베이터 속도를 빨리할 수 있다는 소식을 접한 지배인은 기뻤습니다. 그러나 새로운 장치를 구입하는 데 필요한 예산을 보는 순간 얼굴이 찌그러졌습니다. 돈이 너무 많이 들기 때문이었지요. 어떻게 할까 망설이고 있는데 엘리베이터 담당 청소부가 단돈 5만 원으로 문제를 해결해 주겠다고 나섰습니다. 지배인은 속는 셈친다는 생각으로 허락하였습니다. 청소부는 하루 만에 뚝딱 일을 끝냈습니다. 그후로 고객들의 불평이 없어졌습니다.

청소부가 고안한 해결책은 엘리베이터 안에 큰 거울을 달아놓는 것이었습니다. 천천히 오르락내리락하는 엘리베이터 안에서 우두커니 서서 무료하게 시간을 보내던 고객들이 이제는 할 일이 생겼습니다. 거울 앞에 서서 머리도 쓰다듬어보고, 혹시 스타킹에 줄이 나간 곳은 없나 살펴보기도 하고, 이빨에 고춧가루가 끼었나 체크하고, 자신의 몸매에 매료되어 시간 가는 줄 잊어버립니다. 오히려 "벌써 다 왔나?" 하면서 내리기를 아쉬워하는 사람마저 있습니다.

청소부는 물리학적 차원의 복잡한 시간 문제를 사람의 심리적 차원에서 간단하게 해결해 냈습니다. 그 반면, 엔지니어들은 기술적 차원에서만 문제를 풀려고 했기 때문에 다른 가능성은 생각조차 하지 않았던 거지요. 문제를 기술의 시각에서 보도록 대학에서 훈련받은 결과입니다. 그리고 여섯 명이 다 같은 훈련을 받았기에 그 팀은 '모든 기술적 문제는 한 단계 더 높은 첨단 기술로 풀려고 하는 문화권'을 창조하고 그 속에서만 일을 하게 됩니다.

교수님께서 가끔 학생들이 전문 분야를 탈피할 수 있는 기회를 만들어주면 좋겠습니다.

얼마 전에 '환경 친화적 공학'이라는 수업에서 "이 과목의 가장 중요한 내용을 요약하시오"라는 문제를 학기말 시험에 출제했습니다. 대부분의 학생들은 수업 시간에 배운 학습 내용을 써내려갔습니다. 한 학생은 글 대신 만화를 그렸습니다. 종이 한가운데에는 온갖 공해물을 쏟아내는 공장을 그리고, 주변에는 깨끗한 공장을 상상하는 엔지니어들이 새로운 공장을 설계하고, 공해물을 최저화하고, 처리하는 모습을 그렸습니다.

점수를 어떻게 줄까 고민하다가, '환경 친화적 공학'의 기본 방법(예방, 제어, 처리)을 완벽하게 자기 것으로 소화해 낸 학생이 '예뻐서' 만점을 줬습니다. 엉뚱한 사고력을 존중함으로써 문화적 장애는 어느 정도 극복될 수 있다고 생각합니다.

인지 장애

아래는 『한국인이 반드시 일어설 수밖에 없는 7가지 이유』에서 옮겨온 한 절입니다.

> 창의력의 세 번째 원칙은 스스로 잘 보는 데 있다. 가령 흰색 바탕의 원 안에 점 하나가 찍혀 있는 그림을 보여주고 무엇이 보이느냐고 물어보라. 대학생들은 열이면 열 다 "까만 점이 보인다"라고 대답한다. 그러나 유치원생들의 대답은 가지각색이다. 둥근 달이 보인다, 접시다, 심지어는 벽에 붙어 있는 코딱지라고 말하는 아이도 있다.
>
> 고학년이 될수록 까만 점만 보인다고 답하는 것은 이미 정답을 요구하는 교육에 길들여진 결과이다. 정답이란 모든 이가 다 수긍하는 답이다. 모든 이가 다 수긍을 하자면 사물의 최대 공약수만을 뽑아야 한다. 그래서 자신의 의견(상상력)은 완전히 죽이고 확실한 부분, 즉 둥근 모양과 까만 색깔만 보는 것이다. 정답 맞추기 교육

※ **잔소리 코너** ※

교육부와 교육 단체 사이가 편안하지 않은 이유는 교육에 대한 문제 풀이를 서로 다르게 인식하고 있기 때문이 아닐까 합니다. 교육부 관료 체질과 교육자 체질(문화)이 얼마나 다른지 잘 모르겠지만 문제를 보는 관점이 다르다는 점은 확실합니다. 모두 애꾸눈인 셈이지요. 그래서 한국의 교육이 발전하자면 서로 의지하고 협력하여 두 눈 부릅 떠야 하겠습니다.

에서는 다양한 관찰이 용납되지 않는다. 그러나 획일적 정답에 길들여진 학생한테서 창의력을 기대한다는 건 무리다.

우리는 상상력이 풍부한 사람들을 볼 때 괴짜라고 한다. 우리 눈에는 안 보이는 것을 보인다고 하기 때문에 미친 사람처럼 여겨지기도 한다. 그러나 과연 누가 진정 미친 사람일까? 앞의 그림으로 다시 돌아가자. 앞의 그림에는 분명 하얀 바탕이 있다. 그러나 나는 아직 "흰 바탕이 보여요"라고 답하는 대학생을 만나보지 못했다. 분명 보이는 것을 못 보는 사람이나 안 보이는 것을 보인다고 하는 사람이나 괴짜이기는 한가지다. 미쳤다 해도 같은 정도로 미쳤다고 볼 수밖에 없다.

정답을 요구하지 않아야 학생들은 자신의 상상력을 동원한다. 그래야 비로소 눈뜨고도 보고 눈감고도 보는 능력이 생기는 것이다.

요즘 학생들은 하마 시리즈, 개구리 시리즈, 만득이 시리즈들을 좋아하는데 이야기 자체는 하나도 우스운 게 없다. 나이 든 사람들은 도무지 웃을 수가 없다. 왜냐하면 이 시리즈는 그 하마와 개구리와 만득이의 모습을 제각기 상상해 봄으로써 웃음이 나오기 때문이다. 이 유머는 말하는 사람이 나를 웃겨주는 것이 아니고 자기가 상상을 해봐야 우습다.

창의력 교육은 스스로 보고 스스로 즐거워하는 자발성을 격려해 줄 때 비로소 성공한다.

환경적 장애

환경적 장애는 새로운 아이디어가 나올 수 없거나 생각을 할 수 없는 주위 환경에서 비롯합니다. 한국 교수님 한 분으로부터 들은 이야기를 예로 들겠습니다.

어느 날 교수님께서 자신의 수업을 듣는 학생들 여럿이 함께 모여 공부하는 모습을 보게 되었답니다. 공부하는 모습이 보기는 좋았는데 시끄러운 하드-록 음악을 크게 틀어놓은 점이 영 못마땅했다고 합니다. 비트에 맞추어 고개를 좌우로 흔들면서 책을 읽는 학생이 있는가 하면, 꽝꽝 울리는 스피커 바로 옆에 앉아 온몸으로 전율을 느끼는 학생도 있었다고 합니다. 하도 기가 차서 학생들한테 공부를 제대로 하려면 음악을 끄고 조용한 분위기에서 하라고 점잖게 타일렀답니다. 그랬더니 학생들이 "교수님, 음악을 들으면서 공부하면 효과가 배로 난다는 말 못 들으셨어요?" 하더랍니다. 이거 완전히 구석기 시대 사람 취급하는 투가 분명하였답니다.

모차르트 음악이 유아의 지능을 발달시킨다는 연구 결과가 나와 한때 떠들어댔지만(최근에 이 연구 결과를 부인하는 연구가 나왔음), 록 음악이나 랩 음악이 학습에 도움이 된다는 말을 들어본 적이 없었다고 합니다. 그러나 또다시 말하면 잔소리밖에 안 되는지라 맘대로 하게 내버려두었답니다. 그리고 그 다음주, 학생들이 중간 시험을 볼 적에 교수님께서 붐박스(카세트 플레이어)를 시험실에 가지고 들어와서 하드-록 음악을 크게 틀었답니다. "교수님, 제발 꺼주세요. 정신 집중이 안 돼요." 음악을 들어야 공부가 더 잘된다고 하던 학생의 하소연이었다고 합니다.

5
팀워크를 가르치자

　새 시대에는 팀워크가 중요하다고 합니다. 따라서 학생들에게 팀워크를 이루는 기회를 주고 효과적으로 팀워크를 이루는 방법도 가르쳐야 한다고 합니다. 팀워크가 왜 중요한가는 지겨울 정도로 많이 들어왔지만 미국의 3대 자동차 회사 중에 하나인 크라이슬러가 어떻게 엔지니어링 신입 사원을 뽑는가를 전해 듣고 팀워크의 중요성을 새삼 느끼게 되었습니다.

　크라이슬러는 28개 공과 대학에서만 엔지니어를 모집한다고 합니다. 그리고 회사의 각 부서는 그 선호하는 28개 대학에서 각 한 명씩만 뽑는답니다. 예를 들어 자동차 섀시 디자인 부서에서 신입 엔지니어 22명을 배당받았으면 그들의 출신 대학이 22대학으로 모두 다 다릅니다. 아무리 최고 명문대 졸업생이 많이 지원하여도 한 대학에서 한 명 이상 뽑지 않습니다(우수 대학 졸업생을 무조건 뽑을 수 있는 만큼 우선 뽑고 보는 한국 기업의 경우와 상당히 대조적입니다).

　이렇게 기업이 정책적으로 다양한 대학 졸업생을 원하는 이유는 신입 사원으로부터 다양한 능력과 사고력, 관점을 얻고자 하기 때문입니다. 어느 우수 대학 졸업생들이 아무리 개인적으로 똑똑하여도 집단적으로 일을 할 경우 한계에 부딪힌다고 합니다. 한 대학 졸업생들은 장기간 같은 교육을 받았기 때문에 문제를 인식하는 관점이나 문제 해결 방식이 비슷하기 때문입니다.

　경쟁력은 다양화에서 나온다는 말이 실감납니다만 다양화가 조화를 이룰 적에는 시너지 효과가 나오지만, 팀 구성원들 사이에 마찰과 불화를 일으킬 수 있기 때문에 오히려 역효과를 초래하기 쉽습니다. (사실 팀워크는 비슷한 사람들끼리 모여 있을 경우 잘됩니다. 하지만 '팀 분위기'가 매우 좋더라도 '팀 효과'는 없지요.) 따라서 다양한 사람들이 팀을 이루어 효력을 발휘하기 위해서는 팀 구성원의 특성화가 장려되어야 하며 팀 구성원 모두가 팀워크를 잘 수행할 수 있는 기술이 있어야 합니다. 다시 말하자면 팀워크의 능력은 타고나기보다는 학교에서 배워야 하는 것이라 생각됩니다.

　학생이 여럿이서 함께 어울려 하는 학습은 협력적 학습(collaborative learning), 학습 공동체(learning community)라는 이름으로 미국 초중고에서는 이미 1980년대부터 유행했습니다. 그러던 것이 90년에는 대학까지 퍼지기 시작했습니다. 학생들이 혼자 끙끙대는 것보다 여럿이 서로 도우면서 공부하는 것이 더 효과적이라는 연구 결과가 많이 나왔기 때문이지요. 사실 지금 미국 대학에서는 팀워크를 실험이나 프로젝트에만 국한하지 않습니다. 숙제를 학생 여럿이 모여 할 수도 있고, 조금 극단적으로 학기말 시험마저 팀워크로 하는 예도 있습니다. 학생 여럿이 숙제나 시험을 같이 하면 '커닝'이라 하면서 혼내주던 때가 바로 엊그제 같은데 이제는 대학에서 적극적으로 권장해야 한다고 하니 뭔가 변해도 한참 많이 변했다고 생각됩니다.

팀워크의 유익함을 교육학 이론과 연구 결과를 놓고 따지지 않아도 쉽게 알 수 있습니다. 팀워크로 제출된 보고서는 개개인이 준비한 것보다 훨씬 높은 품질을 갖고 있습니다. 팀워크로 시험을 치를 경우, 시험장은 마치 동대문 시장같이 시끌벅적하지만 생동감과 에너지가 넘쳐흐르는 것을 볼 수 있습니다. 평소에 조용한 학생도 팀워크로 시험을 치르는 동안은 신들린 사람같이 흥분해서 떠들기도 하고, 멍하게 앉아 있던 학생의 눈이 빤짝이는 것을 볼 때에는 뭔가 흐뭇한 느낌마저 듭니다.

사실 교수님 입장에서 팀워크는 상당히 매력적이라고 생각됩니다. 숙제나 프로젝트를 학생 개개인이 하지 않고 서너 명이 그룹으로 한다면 교수님께서 채점해야 하는 과제물 양은 대폭 줄어들게 되기 때문이지요. 한 반에 학생이 100명 있을 경우, 100개의 보고서 대신 20~30개의 보고서만 읽으면 되니 얼마나 좋습니까. 학습 효과가 있다고 하니 좋고, 채점하는 데 시간이 덜 걸려서 좋지요. '누이 좋고 매부 좋다'는 말도 적용되지만 '꿩 먹고 알 먹는다'는 말이 더 어울릴 듯합니다.

학생들로부터 효과적인 팀워크를 요구하자면 몇 가지 실질적인 이슈를 풀어나가야 합니다. 예를 들면 다음과 같습니다.

- 한 팀에 학생들이 몇 명씩 있게 하나?
- 팀 구성원을 교수가 정해주나, 학생들 자신들이 정하게 하나?
- 어떻게 해야 모든 학생들이 동참하여 '놀고먹는' 학생이 없도

록 하나?
- 팀워크가 요구되는 과제물을 어떻게 평가하는가?
- 상대평가하는가 절대평가하는가?
- 팀워크가 요구되는 숙제나 프로젝트는 최종 학점의 몇 퍼센트 정도 반영해야 하나?

이러한 질문에 대한 답은 학습 활동 종류와 그 학습 활동으로 무슨 교육 목적을 이루고자 하는가에 따라 달라질 것입니다.

팀 구성원 수를 조정한다

학생들 팀을 구성할 때 중요한 사항은 한 팀당 몇 명씩 할 것인가를 미리 결정하는 일입니다. 물론 팀의 구성원 수가 클수록 팀워크 결과물을 채점하는 부담은 분명히 줄어들지만 과연 얼마나 교육 효과가 있을지는 미지수입니다. 팀워크의 효력은 구성원들 사이의 상호 작용(인터랙션)에 있으나 한 사람이 효율적인 관계를 맺을 수 있는 상대의 수에는 한계가 있습니다. 그래서 적절한 팀 크기가 중요합니다.

미시간 공대에서 혁신적으로 시도하고 있는 '엔터프라이스'라는 공학 설계 과목에는 30~40명의 학생들이 팀을 이룹니다. 학생들이 회사를 설립해서 운영하기 때문에 단기간 팀을 이루는 것이 아니고 2학년 때 '입사'해서 졸업할 때까지 3년 간 지속적으로 한 팀에 소속되어야 합니다. 이렇게 특이한 경우에는 많은 학생들이 팀을 이루는 것이 바람직하지만 보통 디자인 프로젝트나 숙제를 할 경우에는 한 팀당 3~4명이 적합하다는 연구가 있습니다.

한 팀당 두 명은 매우 높은 학습 효과를 볼 수는 있으나, 팀 구성원 사이에 의견 차이나 성격 차이로 문제가 생길 경우 쉽게 해결되지 않습니다. 따라서 중재 역할을 할 수 있는 제삼자가 필요하게 됩니다. 한마디로 『삼국지』처럼 세 가지 세력이 어울려야 균형을 이룰 수 있는 거지요.

한 팀당 네 명 이상 있을 경우에는 팀 멤버 한두 명이 빠져도(놀고먹어도) '굴러갈' 수 있습니다. 그리고 의논하거나 일하기 위해 모두 함께 만날 수 있는 스케줄을 잡기 어렵기 때문에 다섯 명으로 구성된 팀은 두 명, 세 명으로 분산될 확률이 높습니다. 조직 운영에 미숙한 학생들은 우왕좌왕하다가 시간을 허비하기 일쑤입니다. 그러므로 타이트한 팀워크가 아닌 엉성한 '무리'는 오히려 비효과적입니다.

수업 시간에 학생들 개개인에게만 질문하지 말고 가끔 옆에 앉은 학생들끼리 서로 의논하게 하는 것도 팀워크입니다. 조용히 교수님 말만 듣다가 눈이 스르르 감겨올 때쯤 왁자지껄하게 옆에 앉은 학생하고 딱 1분 간 떠들게 하면 교실 분위기도 살아나고, 정신도 나고, 학습 효과도 좋습니다. 이런 경우 적절한 팀 구성원 수는 두세 명입니다.

결론을 말씀드리자면, 적절한 팀 구성원 수는 과제 성격에 따라 다를 수 있고, 또 달라져야 합니다.

학생 팀 구성원을 정하는 일도 상당히 고민스러운 문제입니다. 학생들 스스로 알아서 정하게 하면 우선 교수님의 부담이 없어진다는 장점이 있습니다. 하지만 연구 결과는 교수님께서 정해주는 팀이 가장 효과적이라고 합니다.

학생들끼리 정하게 하면 친구 중심으로 모이기 때문에 구성원 중 한 명이 제 몫을 하지 않아도 눈감아주는 일이 예사로 일어날 수 있습니다. 팀 구성원의 수를 맞추기 위해 친구 아닌 다른 학생이 한 명 추가될 경우에는 그 학생이 아예 따돌림당할 수 있습니다. 특히 팀에 여학생이 한 명만 끼어 있는 경우에도 소외당하거나, 연락 담당이나 보고서 작성 등 보조 역할을 맡기 쉽습니다. 그뿐만 아니라 대개 공부 잘하는 학생들은 자기네끼리 모이기 때문에 나머지 학생들은 처음부터 불리한 입장에 놓이게 됩니다.

따라서 교수님께서 팀을 정할 때에 특별히 신경 써야 하는 부분은 학생들의 학습 능력과 성(性)별 정도가 되겠습니다. 여러 학과 학생들이 듣는 과목에는 학과 소속을 참고하셔야 하며, 여러 학년 학생들이 듣는 과목일 경우에는 학생들의 학번(또는 나이)도 좋은 참고 자료가 되겠습니다. 예를 들면, 남학생이 많은 수업에는 어느 팀에도 여학생이 외톨이가 되지 않도록 짝지어 주셔야 하고, 타학문 팀워크 경험이 중요할 경우에는 각 팀에 여러 학과 소속 학생들이 구성원을 이루게 합니다(너무 뻔한 소리인가요?).

하지만 팀워크에 상당한 시간을 투자해야 할 경우 교수님께서 정해주신 팀 구성원들은 서로 만날 수 있는 시간을 찾지 못해서 힘들어할 확률이 높습니다. 이런 경우 학습 효과를 약간 손해보더라도 융통성을 발휘하여 학생들의 의견을 참고로 하여 구성원을 바꿔주시면 좋습니다.

서로 비슷한 학생들이 모인 팀(학생들 스스로 정한 팀)은 서로 마음이 편하고 의사소통이 쉽다는 장점이 있지만 동료 의식 때문에 너무 쉽게 주류 의견에 휩쓸릴 수 있다고 합니다. 그 반대로 다양한 배경을 가진 학생들이 모인 팀은 다양한 의견이 나올 수 있기 때문에 창의력이 요구되는 과제에 적합하지만 처음에 서로 서먹해 하거나 좀처럼 의견 수렴이 안 되는 수가 있습니다.

결국 팀 구성원의 수나 구성원을 어떤 방법으로 정하는가는 상황에 따라 유연하게 조절하는 것이 좋겠습니다.

팀워크를 평가한다

팀워크의 결과물을 어떻게 채점하느냐에 따라 팀워크의 성과가 달라집니다.

1. 팀워크가 요구되는 과제물의 점수가 최종 학점에 20% 정도 반영되게 한다

20% 이상 반영되어야 학생들이 팀워크 경험을 높게 평한다는 연구 결과가 있습니다. 20% 미만일 경우에는 학생들이 과제물에 신경을 제대로 안 쓰게 됩니다. 반대로 20%보다 훨씬 웃도는 경우에는 자신의 학점이 다른 학생들의 실력이나 능력, 태도에 크게 좌우되기 때문에 조그만 대인 관계 마찰도 큰 문제로 발전할 우려가 있습니다. 요컨대 학생들이 신경을 쓰지 않아도 문제지만, 신경을 너무 많이 쓰게 되어도 문제입니다.

2. '놀고먹는' 학생이 없도록 팀 멤버들끼리 서로 팀 참여도(또는 기여도)를 평하게 하는 방법도 고려한다(peer-evaluation)

이로써 팀 멤버들의 평에 따라 차별된 성적을 줄 수 있습니다. 그러나 저는 두 가지 이유로 이 방법을 권하지 않습니다. 첫째,

'놀고먹기'로 맘먹은 학생은 어떻게 해서라도 놀고먹습니다. 과제 후 평가(Post-work assessment) 방식으로는 '놀고먹는' 일을 예방할 수 없다는 뜻입니다. 둘째, 학생들끼리 서로 감시하게 하면 팀워크에 필요한 신뢰감을 상실할 수 있습니다. 그러면 어떻게 해야 할까요? 이것은 상당히 보편적인 딜레마입니다. (소수의 학생들을 이끌어주기 위해서 다수의 학생들을 희생시켜야 하는가?)

신뢰감은 교육의 기본이라고 생각합니다. 따라서 과제 후 평가(post-work assessment) 도구인 동료 평가(peer-evaluation) 대신 중간 보고서(in-progress report)를 이용하여 모든 학생들이 참여하도록 유도합니다. 예를 들어 (프로젝트인 경우) 학생들이 돌아가며 중간 발표를 하거나 즉석 질문을 받게 합니다. 그리하여 프로젝트에 100% 참여하지 않은 학생이 '썰'을 풀어서 통과할 수 없게 합니다. 팀워크의 학습 효과를 얻기 위해서는 개별적 책임(individual accountability)이 반드시 요구되어야 합니다.

3. 팀워크 경험이 중요한 과목에는 학생들을 상대평가하지 마십시오

팀워크가 효력을 발휘하기 위해서는 학생들 사이에 협력이 필요합니다. 하지만 다른 학생을 도와줌으로써 자신의 성적이 상대적으로 내려간다면 성심껏 돕지 않겠지요. 자신의 성적이 다른 학생들의 학습 성취도와 무관해야(절대평가를 해야) 협력하게 됩니다.

6
개별 지도하기

학기 중반부터는 강의가 안정 궤도에 들어가게 됩니다. 중간 시험도 치렀고 숙제도 여러 번 제출되고 되돌려졌기에 교수님께서는 학생들의 수준을 아실 수 있게 되고 학생들은 교수님의 스타일과 기대치를 파악하게 됩니다. 그리고 학생들의 성적도 어느 정도 정해진 것처럼 보입니다. 뛰어나게 잘하는 학생이 있는가 하면 거의 구제 불능에 가까운 학생도 몇 명 있을 것입니다. 학생 수가 많을 경우에는 성적 분포가 전형적인 벨 커브를 형성하겠지요. 그러나 가끔 걱정스러운 분포가 나오기도 합니다.

(1) 최고 성적과 최저 성적의 차이가 큰 경우(large standard deviation)
(2) 잘하는 그룹과 잘 못하는 그룹으로 양분화된 경우(bimodal distribution)

(3) 분포가 비대칭적으로 기울어져 평균 점수가 무척 낮은 경우 (skewed distribution)

이런 경우엔 과연 누구한테 수준을 맞추어야 할지 고민이 됩니다.

(ㄱ) 평균에다 맞추어 학생 대다수를 만족시킨다.
(ㄴ) 잘하는 학생은 스스로 따라올 수 있으니까 못하는 학생들에게 맞춘다.
(ㄷ) 투자는 가능성 있는 데에다 해야 하니 잘하는 학생에게 맞춘다.
(ㄹ) 평균 이상에다 맞추어 학생들의 수준을 끌어올린다.

✽ 잔소리 코너 ✽

(ㄱ) '평균에다 맞추어 학생 대다수를 만족시킨다'는 대량 생산적 교육 방식에나 걸맞습니다. 다품종 소량 생산 시대에는 '평균적 만족'이란 개념은 그다지 쓸모가 없습니다. 평균적 만족에는 평균적 불만족이란 면이 동시에 존재합니다.
(ㄴ) '못하는 학생들에게 맞춘다'는 보호적 사회주의 사고방식에나 걸맞습니다. 글로벌 경쟁 시대에는 자생력이 필요합니다.
(ㄷ) '가능성 있는 학생한테 투자한다'는 자본주의 엘리트 사고방식에나 걸맞습니다. 불균등을 심화시키는 전략은 언젠가는 되돌아와 뒤통수를 때리게 되어 있습니다.
(ㄹ) '학생들의 수준을 끌어올린다'는 독재적 군국주의 사고방식에나 걸맞습니다. 평생 학습이라는 개념이 중요한 지식 산업 시대에는 억지로 시켜서 목적을 달성시키는 공부는 효과가 없습니다.

분석이 너무 거창하게 나와서 죄송합니다. 하지만 최근에 교수님들께서는 사회와 기업으로부터 대량 생산 체제에서 다품종을 생산해 내라는 요구를 받고 있습니다. 학생 대 교수 비율이 높을 경우 무리한 요구지만 개성과 특성, 다양성이 중요한 시대에는 학생 모두가 발전할 수 있어야 하기 때문에 비율이 좋아질 때까지 마냥 미룰 수 없는 일이기도 합니다.

정답은…… 글쎄요. 만약 한 반에 학생이 열 명 정도밖에 없다면 교수님께서는 강의를 어느 한 수준에 맞추지 않고 분명히 개별 지도를 시도하실 것입니다. 학생의 다양한 기초 지식, 기본 실력, 학습 스타일 등을 고려하는 개별 지도는 교육의 효과를 높여주니까요.

그러나 요즘 강의실에는 학생 수가 60명, 120명, 또는 300명이나 됩니다. 이런 상황에서 개별 지도란 거의 불가능하겠지요. 많은 학생들을 가르쳐야 하는 교수님께선 별다른 도리가 없기 때문에 강의를 어느 한 기준에 맞추게 됩니다.

개별 지도를 대규모 단위로 실시하기 위한 세 가지의 방법이 있습니다.

테크놀러지를 이용한다

Self-paced instruction, web-based modular course, video tape delayed lecture 등 컴퓨터나 첨단 커뮤니케이션 미디어를 이용해서 학생이 자신의 능력에 따라 진도를 나갈 수 있게 하는 방법이 있습니다.

이런 첨단 강의법은 대체로 3A(Anytime, Anywhere, Anyone) 기본을 갖추었습니다. 다양한 수준의 학생이 아무때나 어디서나 배울 수 있도록 해주는 시스템입니다. 모든 학생이 다 함께 한 시간에 한곳에서 모일 필요 없이 각자 학습 효율이 높은 시간에 강의를 들을 수 있게 해줍니다. 필요하면 같은 강의를 여러 번 반복해서 들을 수 있고, 반대로 빠른 속도로 진행할 수 있습니다. 그리고 첨단 기술에 민감한 요즘 학생들의 주의력을 끌기 때문에 학습 동기를 높일 수도 있습니다.

하지만 이러한 첨단 강의를 이행하는 데에는 어려움이 많이 따릅니다. 강의를 준비하는 데 많은 시간과 투자비가 필요하고, 첨단 시설이 강의실마다 갖추어져 있지 않고, 또 어떤 강의는 이런 방식의 교육이 적절하지 않습니다. 사실 첨단 강의를 준비할 수 있는 교수님도 몇 되지 않을 뿐더러 웹-강의 내용에 대한 저작권과 원격 강의의 효율성이 아직 확실치 않은 상태라서 많은 시간을 투자하길 망설이게 됩니다.

간단하게 개별 지도한다

앞에서는 3A technology-based 강의를 소개했습니다. 이번에는 low-tech 개별 지도 방법을 소개합니다.

가끔 교수님께서 감탄할 정도로 특출 나게 시험을 잘 본 학생들을 만나게 됩니다. 시험 문제의 요지를 정확히 이해했을 뿐만 아니라 답을 한 자도 빼거나 더할 필요 없을 정도로 명료하고 간결하게 써낸 시험 답안지를 보게 되는 경우가 있습니다. 한편으로는 기대 이상의 실력이 기특하기도 하고 다른 한편으로는 조숙함에 기가 질리기도 합니다. 이런 우수한 학생은 개별 지도가 필요합니다. 많은 시간을 들이지 않고도 가능한 개별 지도 방법은 다음과 같습니다.

(1) 가끔 두 종류의 숙제(평균 학생들을 위한 평범한 숙제와 우수한 학생을 겨냥한 도전적인 숙제)를 출제해서 학생들이 스스로 선택하게 한다

모든 학생들이 평범한 문제를 택하더라도 괜찮습니다. 우수한 학생들에게 좀더 높은 목표가 제시되었다는 점 자체에 의미가 있습니다. 우수한 학생들이 평균 기준에 만족하거나 자만심에 빠지지 않도록 해주기 때문입니다.

(2) 퀴즈나 시험에 어려운 문제를 추가로 내어 보너스 점수를 얻게 한다
우수한 학생은 시험을 미리 끝내고 시험장을 떠나거나 시험지를 두 번 세 번씩 재검토하면서 남는 시간을 낭비하기 일쑤입니다. 시험장을 빨리 떠나는 학생이 있으면 다른 학생한테 심리적 부담을 안겨주게 됩니다. 그래서 추가 문제를 내면 우수한 학생들은 남은 시간을 유용하게 쓰게 될 뿐더러 자신의 능력 한계까지 도전하는 '희열'을 느끼게 됩니다.

(3) 프로젝트의 주제나 범위를 학생과 상담해서 같이 정한다
이런 경우, 프로젝트의 주제나 범위를 교수님과 상담해서 정할 수 있는 선택권을 미리 모든 학생들에게 줘야 편견이라는 '누명'을 피하실 수 있습니다. 그 대신 프로젝트를 개별적으로 정할 경우 기대치가 올라간다는 조건을 미리 덧붙여서 극소수의 (우수한) 학생들만 선택하도록 유도하셔야 하겠지요. 학생은 교수님과 상의해서 정한 프로젝트에 더 많은 열정을 쏟고 보다 좋은 결과물을 준비하

✱ 잔소리 코너 ✱

저는 위의 두 번째 방법을 '콩나물 국밥' 테크닉이라고 합니다. 국물은 한 통 속에서 꺼내되 국그릇에 양념은 따로 쳐서 각자 입맛에 맞는 맛을 내듯이 강의도 강의실에서는 학생들 평균 수준에 맞추되 몇 가지 간단한 방법을 써서 약간의 개별 지도가 가능토록 한다는 뜻이지요.

게 됩니다.

(4) 시험을 특별히 잘 본 소수의 학생에게 졸업 후 진로를 같이 고려해 보자고 적은 메모를 시험지와 함께 건네준다

학생은 교수님으로부터 남다른 관심을 받고 있음을 인식하게 되고 더 높은 차원으로 발전하도록 자극을 받게 됩니다. 이런 학생은 스스로 발전하는 학생이기 때문에 약간의 격려를 해주기만 하면 됩니다.

이런 개별 지도 방법들은 시간이 많이 필요하지 않습니다만 교수님이 신경을 써야 합니다. 사실 교수님께서는 시간이 절대적으로 부족하기도 하지만 정신적 여유는 더욱더 없습니다. 강의와 학생 수는 많고, 연구하랴, 잡무 보랴, 위원회 참석하랴, 요구 사항이 왜 그리 정신없이 많은지……. 그래서 우수한 학생들을 좀더 돌봐주고 싶은 마음은 가득한데 잘되지 않습니다.

이런 현실을 고려해서 저는 다음에 소개할 세 번째 방법을 적극 추천합니다.

세 번째 방법은 공부를 힘들어하는 학생을 위한 방법이지만 우수한 학생들도 혜택을 볼 수 있는 방법입니다.

학습 센터를 동원한다

공부를 열심히 하는데 시험을 못 보는 학생이 있는가 하면 그 반대로 머리는 좋은 것 같은데 노력을 하지 않는 학생들도 있습니다.

이런 학생을 지도하기가 보통 힘겹지 않습니다. 전자는 약간의 개별 지도로는 별 효과가 없습니다. 그렇다고 교수님께서 그들을 위해 많은 시간을 낼 수도 없습니다. 후자는 개별 지도를 아예 거부할 수도 있습니다. 결과는 두 부류의 성적이 똑같이 중하위권에 머물게 됩니다. 이런 대책 없는 상황을 몇 차례 겪다 보면 "말을 물가에 데리고 갈 수는 있어도 물을 마시게는 하지 못한다"는 격언을 떠올리게 됩니다. 학생들이 다 큰 성인인데 배우지 않겠다면 어떻게 할 도리가 없다면서 개별 지도를 포기하게 되지요.

중하위권에 있는 학생들에게 교수님의 지도는 각별히 필요하지만 불행하게도 교수님의 지도가 그들에게 효과가 없을 수도 있습니다. 공부를 힘들어하는 학생들은 공부를 항상 잘했던 교수님들이 자기들과 무관한 존재라고 인식할 수 있기 때문입니다. 교수님의 강의가 마치 외계인의 언어를 대하듯이 귀에 잘 들리지 않을 수 있다고 합니다. 이런 학생들은 오히려 또래 학생(peer)들로부터 쉽게 잘 배운다는 학설이 있습니다.

이런 학설이 바탕이 된 학습 센터(learning center)를 추천합니다. 학습 센터는 대학의 정식 기관일 수도 있고 학생들이 동아리 활동으로 순수한 자원 봉사 차원에서 운영할 수도 있습니다. 수학, 물리, 화학, 생물학, 공학 기초 등 분야별로 학습 센터를 유지할 수 있습니다. 글쓰기 센터는 학생들뿐만 아니라 논문을 써야 하지만 글 솜씨 없는 대학원생들과 (가끔) 교수님들도 이용할 수 있습니다.

경험이 있는 학습 센터 코치를 학습 센터에 근무하게 해서 당일 도움이 필요한 학생들을 돕게 하고 신참 코치는 지정된 학생과 일대일로 개별적으로 만나 지도하게 하면 좋은 효과를 얻을 수 있습니다. 같은 과목에 대해 도움이 필요한 학생들을 두세 명씩 조를 이루어 같이 공부하게 하면 코치의 효율을 높일 수도 있고 학생들이 팀워크로 문제를 해결하는 연습도 할 수 있습니다.

제 경험으로 볼 때 고학년 학생이 저학년 학생을 개인별로 지도하는 경우가 가장 바람직하다고 생각합니다. 우수한 학생들을 학습 코치로 활용하면 우수한 학생들은 다른 학생들을 가르치기 위해 학습 내용을 더 확실히 배우게 되고, 지도력과 커뮤니케이션 기술을 습득하거나 연습할 기회를 얻게 됩니다. 공부를 힘들어하는 학생이 도움을 얻게 되는 것은 물론이니, 사실상 개별 지도가 필요한 양극의 학생들을 다 커버하게 되는 셈입니다.

교수님께서 학습 센터를 위해 하실 일이 있습니다. 만약 학습 센터가 없으면 학습 센터 설립을 학과나 대학에 건의하시고, 만약 학습 센터가 이미 존재한다면 적극적으로 후원하시기 바랍니다. 후원한다는 의미는 다음과 같습니다.

(1) 숙제나 시험 답안지를 연구실이나 도서실에 비치하거나 웹 페이지에 올리는 대신 학습 센터로 보내서 학생들이 학습 센터를 이용하도록 권장한다.
(2) 참고서나 강의 노트를 학습 센터에 보관해서 학생들이 아무 때나 참고할 수 있게 한다.
(3) 글쓰기에 자신이 없는 학생들은 리포트를 제출하기 전에 글쓰기 학습 센터를 방문하라고 권한다.
(4) 학생 상담 시간(office hour)을 교수님 연구실 대신 학습 센터에서 보낸다.

미국의 경우 학습 센터는 학생들로부터 무척 좋은 호응과 높은 평가를 받고 있습니다. 교수님들도 자신의 시간을 효율적으로 쓸 수 있게 해주는 학습 센터를 긍정적으로 보고 있습니다.

5장

강의 발전을 위한 자기 점검

1
새로운 강의가 필요하다

3A 수업이 필요하다

가끔 신세대 학생들은 더럽고(dirty), 힘들고(difficult), 위험한(dangerous) 일을 기피한다고 언짢아하는 교수님이 계십니다. 한국 국민 소득이 200불에서 10,000불로 비약하는 동안 지금 기성 세대는 3D 일들을 다 겪어보았습니다. 그러기에 그 피땀의 열매를 먹고 자란 신세대가 비록 백수로 놀지언정 3D 일들은 안 하겠다고 하는 태도가 괘씸하고 배부른 수작으로 보일 것입니다. 이런 현상이 한국에서만 일어난다면 한국의 젊은이들이 배은망덕하고 나약해진 탓을 과보호에 돌려야 하겠지요. 그러나 이런 현상은 엄격한 가정 교육하기로 유명한 독일도 그렇고 우리보다 앞서 산업화를 이룬 일본도 마찬가지이고, 자유분방한 미국의 젊은이 또한 그렇습니다.

3D는 기피해야 마땅합니다. 일이 힘들고 더럽고 위험해서가 아니라 3D 일은 대개 단순 반복적인 노동이기 때문입니다. 21세기에 인간의 몸을 기계처럼 혹사해서는 큰 손해를 보게 됩니다. 창의력은 기계적인 반복 작업에서 나오기 어렵습니다. 신세대는 인간 패러다임을 직감적으로 느낍니다. 그래서 3D보다 신나고 도전적이고 몸으로 표현하는 일을 하고 싶어하는 것입니다. (물론 정신 노동을 많이 하는 사람이 심신의 균형을 위해 육체 노동을 하는 것은 아주 바람직하고 신선한 휴식이 될 수도 있습니다. 그러나 생계를 위해 다른 가능성을 접어놓고 3D 일만 하는 것은 금을 주고 돌을 사는 격입니다.)

21세기에는 3D 대신 3A식으로 살아야 생존력이 높습니다. 3A란 언제, 어디서나, 누구와도(Anytime, Anywhere, Anyone) 만나고 일할 수 있는 능력입니다. 요즘 학생들이 죽어라 영어를 배우는 이유도 인터넷 세상에서는 80%의 정보가 영어로 공유되기 때문입니다. 첨단 벤처인들은 거리를 다닐 때에도 한 손에는 노트북, 다른 손에는 핸드폰을 들고 다니며 3A로 일할 태세가 되어 있습니다.

인터넷의 속성은 언제, 어디서나, 누구와도 연결된다는 것입니다. 한국이 밤 12시일 때 미국의 워싱턴은 오전 10시입니다. 키보드 몇 개만 누르면 그 즉시 지구 반대편의 사람과 메시지를 주고받을 수 있기 때문에 오전 8시부터 오후 5시 근무라는 틀에 묶이다가는 오히려 일을 그르칠 수 있습니다.

또 인터넷은 접속 시간이 7초를 넘기면 고객을 잃는다는 말처럼 시간을 다투는 경쟁이기도 해서 접속이 편리한 때를 골라 일하는 것이 능률적입니다. 그러나 이런 이유만이 아니라도 신세대 학생들은 자기가 좋아서 일을 하기 때문에 밥 먹는 시간에도 일을 하고, 일하다가 머리를 쉬고 싶으면 스타크래프트 같은 게임을 하기도 하고, 또다시 반짝 하는 아이디어가 떠오르면 컴퓨터 앞에 앉는 생활에 익숙합니다.

산업 시대에 성공하는 사람이 사장과 상사가 시키는 일을 불평불만 없이 성실히 해내는 사람이었다면 지식 기반 시대의 성공하는 사람은 자기가 미치도록 하고 싶은 일에 몰두하는 사람입니다. 이런 사람에게는 머릿속에서 돌아가는 아이디어에 생활 리듬을 맞추는 게 편하지 시계 바늘이 가리키는 물리적 시간에 맞추는 것은 비효율적입니다.

교수님도 3D를 연상시키는 숙제는 가능한 한 요구하지 마시고 강의와 수업을 3A라는 기본에 맞춰주시기 바랍니다.

수업에도 개성이 필요하다

새 시대 인재들은 옷차림에 격식을 차리지 않고 자기 편할 대로, 자기 입고 싶은 대로 입습니다. 느슨한 바지, 운동화에 스웨터나 티셔츠 차림도 아무렇지 않은 듯 직장에 출근한다는 것입니다. 벤처인들의 모임에 가보면 힙합 바지와 정장 바지가 함께 모였다 흩어졌다 합니다. 머리도 염색했거나, 묶고 다니거나, 박박 밀고 다녀도 아무도 그런 겉모습에 개의치 않는 곳이 정보 시대에 앞서가는 사람들의 모습입니다.

가끔 미국 CNN 방송에서 기자 회견을 하는 빌 게이츠의 모습도 헐렁한 스웨터에 카키색 캐주얼 바지 차림입니다. 겉모습만으로는 컴퓨터 제국의 황제, 세계 최고 부자라는 단서를 찾아보기 어려운 그냥 평범한 모습입니다.

　미국에서는 지난 20년 사이에 정장복 판매가 반으로 급속히 줄어 들었다고 합니다. 새 시대에는 겉차림이야 어떻든 그 사람의 아이디어, 창의력, 의욕, 사람들과의 친화력, 믿음 등을 중요시합니다.

　새 시대에 '모방은 자살'입니다. 새 시대 미술, 초현대 미술, 혹은 큐비즘의 창시자인 피카소의 말입니다. 재미있는 사실은 피카소도 청년 시절에는 르누아르의 작품을 베끼면서 미술 공부를 했다고 합니다. 그러다가 현대 감각을 재빨리 깨닫고 개성을 추구하기 시작한 것이지요.

　새 시대는 특성이 있어야 경쟁력이 있습니다. 새 시대는 남이 안 해 본 것, 남이 생각해 본 적이 없는 것, 남이 꿈도 안 꾸는 것을 해야 앞서갈 수 있고 인정을 받습니다. 튀어야 산다는 전략은 연예인에게만 해당되는 것이 아닙니다. 학생들이 멋 부리고 자기 개성을 추구하는 것은 자기 경쟁력을 키우는 미숙한 연습 과정입니다. 새 시대는 다양성이 존중되는 시대입니다. 똑같은 물건, 판에 박힌 획일적인 물건은 아무리 값싸게 팔아도 거들떠보지도 않습니다. 싼 맛에 사와 봤자 좁은 집에서 이리 구르고 저리 구르다 결국은 쓰레기통으로 갑니다. 새 시대에는 소비자의 취향도 다양해진 만큼 물건들도 다양합니다. 이런 새 시대 구조에 맞게 신세대들이 다양성을 추구하는 것은 조금도 놀라운 일이 아닙니다.

　교수님께서는 학생들에게 그저 책 내용을 달달 외우는 것을 요구하지 마시고 나름대로 학생들이 자신의 개성을 발휘할 수 있는 기회를 주시기 바랍니다. 특히 숙제를 채점하실 때에 독특한 방법을 이용했거나 결론을 유도한 학생의 답을 후하게 주시는 것도 개성 있는 학생을 후원하는 방법입니다.

강의는 곧 휴먼 네트워크다

N(인터넷)세대가 사람 사귀는 모습을 보면 기성 세대들은 놀랍기도 하고 두렵기도 합니다.

"쉽게 친해지고 쉽게 헤어진다", "경쟁자끼리 협력을 한다", "한 식구보다도 인터넷으로 알게 된 낯모르는 사람하고 더 많은 글을 주고받는다."

구세대의 눈에는 뿌리가 없고 종잡을 수 없는 인간 관계를 N세대들은 오히려 즐기고 긍정적으로 보는 듯합니다. "부담이 없잖아요." 어느 여대생의 말입니다. "나이, 학번, 군번 따위로 처음 보는 사람에게 굽실거릴 필요가 없어서 좋습니다." 어느 남자 대학생의 말입니다.

인터넷은 이미 거스를 수 없는 대세로, 우리 삶을 지배하고 있습니다. 1999년 한국 가정의 컴퓨터 보급률은 51.8%로 2가구 중 1가구는 컴퓨터를 보유하고 있습니다. 국내 인터넷 서비스가 보급된 것은 1993년인데 5년 만인 1998년까지 사용자가 겨우 3백만이었던 것이 10개월 만에 다시 2배가 증가해서 6백만이 되었고 2000년 상반기에는 이미 1천만 명을 넘어섰습니다.

새 시대는 정보 시대입니다. 정보는 빛처럼, 먼지처럼 곳곳에 빨리 고루 퍼집니다. 인터넷을 보십시오. 인터넷에서 만나는 사람은 아이디어, 즉 생각으로 만납니다. 인터넷 세계에서는 직업, 학력, 수입, 외모, 성별, 사는 동네 따위는 상관없습니다. 인터넷 안에서 네티즌들과 만날 때 머리 빗고, 화장하고, 고급 옷 입고 할 필요가 없습니다. 인터넷은 사회를 수평 구조로 만듭니다. 수평 구조의 사회에서 무엇보다 중요한 것은 커뮤니케이션 능력이지요. 인터넷 세상에서 잘사는 으뜸 방법은 '서로 칭찬하면서 같이 성장하는 인간 관계'입니다. 이것이 바로 열린 사회의 인간관입니다. 학연, 지연, 혈연 등으로 꽁꽁 묶인 닫힌 사회가 아닌 확 열린 사회에서는 싫다는 사람 붙잡아놓을 방도가 없기 때문에 같이 한 공간에 있는 동안에는 서로 기분 좋게 지내자는 게 기본입니다.

열린 사회에서 휴먼 네트워크가 중요한 또 하나의 이유는 '정보의 바다'에서 혼자 헤엄치는 것보다 자기에게 부족한 능력이나 지식이 있는 사람과 협력하는 것이 생존력을 높이기 때문입니다. 한 번 알면 지구 반대편에 있다 하더라도 굳이 만나러 오가지 않아도 인터넷을 통해 아이디어와 기술, 정보 등을 무궁무진하게 나눌 수 있기 때문에 휴먼 네트워크의 위력이 성공을 좌우한다는 것입니다. '나 홀로 최고'를 고집하는 독불장군이나 '네가 죽어야 내가 산다'는 경쟁 의식만으로는 아무것도 이룰 수가 없습니다. '너도 좋고 나도 좋고'의 윈-윈(win-win) 방식이 21세기의 생존력을 높여 줄 것입니다.

강의는 지식 전달이 아닙니다. 강의는 학생과 교수님의 인간적 만남(휴먼 네트워크)이며 커뮤니케이션으로 이루어진다는 사실을 생각해 보시기 바랍니다.

2
가르치는 사람을 위한 목표 세우기

SMART한 목표 세우기

　다시 새 학기가 코앞으로 다가왔습니다. 새 학기에는 하고 싶으신 일도 많을 테지만 하셔야 할 일도 많을 것입니다. 무엇을 먼저 해야 할지 망설여지기도 할 테지요. 한 학기 동안 특별한 목적 없이 그때그때 급한 일 위주로 일을 하다 보면 정말 중요한 일은 자꾸 뒤로 미루어지고 쓸데없는 잔일 때문에 허둥대다가 한 학기가 훌쩍 지나가 버리기 일쑤입니다. 학기가 끝날 무렵 지나간 시간을 돌이켜볼 때 허무함을 느낄 수도 있습니다. 교육 효과를 높이기 위해 가르치는 과목에 대한 교육 목적을 세우는 일은 2장에서 말씀드렸습니다.

　여기서는 교수님들께서 자신의 시간 효율을 높이기 위해 달성하고 싶은 목적을 한번 세워보시라고 권하고 싶습니다. 교수님께서 꼭 하고 싶었던 일 하나를 선정해 보시기 바랍니다. 목표를 세우실 적에 참고할 만한 '원칙' 두 가지가 있습니다. 첫째, 목표는 스마트(SMART)해야 합니다.

S(specific) : **구체적이어야 합니다**

목표가 두루뭉실하거나 애매하지 않아야 합니다. 예를 들어보겠습니다. '강의를 좀더 잘하고 싶다'는 애매합니다. 교수님이 가르치시는 모든 강의를 잘하겠다는 것인가요, 아니면 그중 어느 한 과목을 특별히 지정하신 것인가요? 강의를 '잘한다'는 말은 과연 무엇을 뜻하는 것일까요? 그리고 '좀더'는 어느 정도까지가 되어야 하는지요?

구체적인 예로 바꿔보겠습니다. '기초 물리 강의 노트를 개선하겠다.' 이 목표에는 개선 대상 강의가 명시되어 있습니다. 강의의 모든 면을 개선하는 것이 아니고(너무 방대함. 따라서 범위가 확실하지 않음), 강의 노트에 한정되어 있을 뿐더러 강의 노트를 완전히 새로 쓰지 않고 기존의 노트를 개선하겠다는 방법이나 한계까지 제시되어 있습니다.

M(measurable) : **측정이 가능해야 합니다**

목표를 과연 달성했는지 못했는지 어떻게 판단할 것인가요? 애초에 확실한 비전이나 설계 없이 시작된 사업이 훗날 흐지부지되지 않습니까? 그렇듯이 목표를 세우실 때 그 목표의 달성도를 어떻게 따질 것인가를 미리 정해두어야 합니다. (예 : 학기 중간에 학생들로부터 강의 평가를 받고 60% 이상의 만족도를 얻는다. 학기말 강의 평가에는 80% 이상의 만족도를 얻어낸다.)

A(action - oriented):**무엇을 어떻게 할 것인가에 초점을 맞춥니다**
추상적이거나 이론적인 방법론에서 벗어나 행동 위주 사항을 나열하면 좋습니다. (예 : 강의 노트 준비를 위한 시간으로 매강의당 두 시간을 할애할 것이며, '유능한 교수의 핵심 특성 여덟 가지'와 '훌륭한 강의의 핵심 요소 다섯 가지'를 항상 고려할 것이다. 그리고 비디오 피드백을 통해 강의 구성과 진행을 분석해서 향상하겠다.)

R(realistic):**목표의 현실성을 고려해 봅니다**
(예 : 과연 기초 물리 강의 준비에 매강의당 두 시간이라는 시간을 낼 수 있을까?)

T(timely):**한시적이어야 합니다**
(예 : 기초 물리 강의 노트를 이번 학기 중에 개선한다. 한꺼번에 다 하는 것이 아니라 1주일 단위로 준비한다.)

제가 예를 든 목표를 종합해 보겠습니다.
기초 물리 강의 노트를 '새 시대 교수법'에 바탕을 두고 개선해서 학기 중간과 학기말 강의 평가에 각각 60%와 80% 만족도를 얻어내기 위해 이번 학기 동안 매주 여섯 시간을 할애한다.
다음에는 목표를 세우실 적에 참고할 만한 두 번째 '원칙'을 소개하겠습니다.

현명한(WISE) 목표 세우기

아무리 훌륭한 목표를 세운들 이행하지 않으면 소용이 없습니다. 따라서 목표를 세우실 적에 현명함(WISE)이라는 단어를 동시에 생각해 보십시오.

W(will power): 의지력이 있어야 합니다

목표를 달성하겠다고 결심해야 합니다. 외부에서 급하다고 하면서 밀어붙이는 일에 쫓기다 보면 스스로 세운 목표는 뒤로 밀려나기 십상입니다. 우리는 남이 세워준 목표 달성엔 급급하면서 '이 일은 꼭 해야만 하는 일'이니까'라며 자신을 위로합니다. 그러나 '꼭 해야 하는 일'이 어디 한두 가지입니까? 남이 하라는 일만 하다 보면 정말 자신에게 소중한 일, '꼭 하고 싶은 일'은 하지 못하게 됩니다. 따라서 이번 학기초에 세운 목표를 반드시 이루어내겠다는 결심이 따라줘야 합니다.

I(initiative): 진취적이어야 합니다

목적을 이루기 위한 조건이 다 갖추어질 때까지 미루지 마십시오. 시간 여유가 날 때, 마음이 안정될 때, 주위가 조용할 때 등을 기다리다 보면 목표를 이루기 어려울 것입니다. 가끔 목표를 성취하지 못할까 봐, 또는 욕심껏 달성하지 못할까 봐, 즉 실패하기가 두려워 일을 뒤로 미루기도 합니다. 하지만 만약 선정해 놓은 목표가 정말로 중요하다면 교수님께서 일부러 시간을 내어야 하고, 마음을 가다듬고, 그 일에 집중해야 합니다. 그리고 실패를 두려워하면 '근사한' 결과를 얻기 어렵습니다. 가장 평범한 방법을 선택하면 잘해 보았자 평범한 결과만 나올 뿐입니다. '근사한' 결과는 새로운 것에 도전하고 비범한 방법을 고려할 때 가능합니다. 나이키 선전 문구에서 나오듯이, "Just do it!"

S(stamina): **끝까지 밀고 나가야 합니다**

한꺼번에 다 이루겠다는 욕심보다는 끈기를 가지고 한 번에 한 발자국씩 옮겨야 합니다. 사람 키보다 3배 높은 담장을 넘으려면 용기가 필요합니다. 그러나 홍길동 흉내를 내며 한 번에 뛰어넘으려고 하면 헛수고일 뿐입니다. 사다리를 찾아서 담장에 걸쳐놓고 한 단계씩 올라가는 사람은 해낼 수 있습니다. 큰일을 이루는 사람은 일을 잘게 나누어 조금씩 꾸준히 한다고 합니다. 스태미나는 씨름 선수처럼 단번에 넘어뜨리는 힘이 아니라 일을 완수할 때까지 참아내는 지속적인 힘을 뜻합니다.

E(enthusiasm): **열정을 가져야 합니다**

목표를 세우고 이행할 때는 긍정적인 마음 자세로 임해야 합니다. 열정 없이 하는 일은 조그만 어려움에도 쉽게 포기하게 됩니다. 어떤 일을 하는 데 열정 없이 한다면 일이 잘 안 될 이유가 백 가지나 떠오를 것입니다. 반대로 꼭 하고 싶은 의욕이 있다면 '이 방법이 아니면 저 방법으로' 하는 적극성이 따르게 됩니다. 따라서 목표를 세우기 전에 '내가 꼭 하고 싶은 일인가?'를 스스로 확인해 보시기 바랍니다.

새 학기에는 교수님들께서 항상 맘에 두고 계셨던 (중요한) 일 한 가지씩 해보시기 바랍니다. 해야 하는 일만 하다 보면 쉽게 지쳐버립니다. 하고 싶은 일을 하면 새로운 에너지를 얻으실 수도 있습니다. 에너지가 생기면 같은 시간에 더 많은 일을 하실 수 있게 됩니다.

3
교수법 수정을 위한 응급 처방

잘 가르치기 위한 방법은 여럿 있으나, 가장 큰 효과를 당장 얻을 수 있는 방법은 역시 자신이 하는 강의를 타인에게 관찰하게 하고 개선해야 할 점들에 대해 세세히 지적받는 것입니다. 교수법 전문가를 강의실에 초대하여 평가를 받으면 좋겠지만 주변에 그런 사람을 찾기란 쉽지 않습니다. 동료 교수를 초대하려 해도 불편한 점이 따를 것입니다. 그래서 잘 가르치고 좋은 평가를 받기 위한 방법, 즉 자신의 강의를 비디오를 통해 스스로 관찰하는 방법을 소개하겠습니다.

'백문이 불여일견'이란 말이 있듯이 자신이 강의하는 모습을 한 번 보는 것이 교수법에 대한 이론을 백번 듣는 것보다 더 효과적입니다. 요즘은 비디오를 많이 찍으니까 비디오 카메라를 구하기가 어렵지 않을 뿐더러 그 앞에 서는 것이 그리 생소하거나 멋쩍게 느껴지지 않을 것입니다. 그러나 대부분의 교수들 입장에서는 비디오를 찍더라도 비디오에 나타난 자신의 모습을 끝까지 지켜보는 데에 천하장사의 뚝심이 필요할 것입니다. 자존심이 무참히 짓밟힐 수 있기 때문입니다.

우리 모두 자신의 목소리를 녹음한 후 들어본 경험이 있을 겁니다. 녹음기에서 나오는 목소리를 듣다 보면 보통 두 번은 놀라는데, 처음에는 그 목소리가 꼭 남의 목소리같이 생소하게 들려서 놀라고, 두 번째는 그것이 자신의 목소리인 것이 확인되는 순간 그 목소리의 빈약함과 껄끄러움에 놀라게 되는 것이지요. 사실 우리는 자신의 목소리가 다른 사람에게 어떻게 들리는지 알지 못합니다. 그리고 자신의 목소리에 익숙해져 있기 때문에 (못생긴 남편이나 아내의 얼굴도 익숙해지면 좋아 보이듯이) 우리는 자신의 목소리가 듣기 좋게 들립니다. 그래서 녹음기를 작동하는 순간 환상이 무참하게 깨져버리기 때문에 놀라는 것입니다.

이와 같은 이치로 대부분의 교수님들의 비디오에 비춰진 모습은 살벌할 정도로 '있는 그대로'의 모습을 보여줍니다. 어쩌면 자기가 학생이었을 적에 싫어했던 교수님의 모습을 발견할 수도 있습니다. 충격이 크면 클수록 개선하고 싶은 결심이 더욱더 강하게 생기기 때문에 비디오 촬영은 좋은 효과를 낼 수 있습니다.

비디오를 이용하여 스스로 강의하는 기술을 개선하고자 할 때 관찰할 사항으로는 목소리, 몸동작, 칠판 쓰기, 강의 진행, 강의 구성, 청중에 대한 태도 등이 있습니다. 가장 쉽게 관찰할 수 있는 항목부터 비디오를 두어 번 봐야 분석할 수 있는 항목 순으로 정리해 보았습니다.

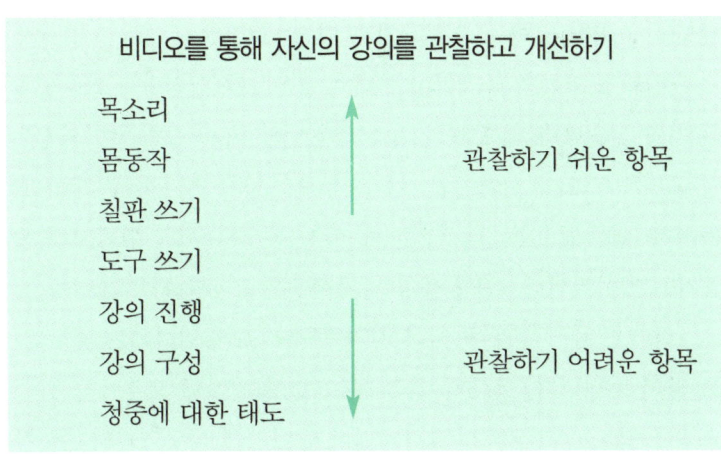

먼저 목소리에 신경 써라

목소리는 비디오를 이용하여 스스로 강의하는 기술을 개선하고자 할 때 관찰할 사항 중에서 가장 두드러지게 나타나는 것입니다. 신경 써야 할 부분은 발음의 명료도, 소리의 크기, 말의 속도, 그리고 소리의 변화입니다.

1. 목소리 크기가 적절한가?
2. 말하는 속도가 적당한가?
3. 발음이 정확한가?
4. 목소리에 변화가 있는가?

목소리의 크기를 적절하게 조정한다
라디오, 텔레비전, 스테레오는 물론이고 심지어 요즘에는 컴퓨터에도 소리의 강약을 조절하게끔 되어 있습니다. 그러나 불행하게도 강의실 크기와 관계없이 하나의 볼륨으로 강의하는 교수님들이 가끔 있습니다. 교수님의 목소리가 너무 커서 강의실이 쩌렁쩌렁 울리는 것도 곤란하지만, 더 큰 문제는 목소리가 너무 작아 잘 들리지 않는 경우입니다. 그럴 때 학생들은 짜증스러워하고 학습효과는 떨어집니다. (물론 졸고 싶은 학생은 고마워하겠지만⋯⋯.)

그렇다고 해서 하루에 서너 시간 큰소리로 강의하기란 결코 쉬운 일이 아닙니다. 목에다 힘을 주고 말하다 보면 오후에는 듣기 거북할 정도로 목소리가 갈라지거나 높아지게 마련입니다. 큰 목소리를 무리 없이 내기 위해서는 목에서 소리를 쥐어짜지 않고 배 힘으로 밀어내야 합니다. 배에다 손을 대고 배의 근육이 움직이는가 살피면서 몇 번 연습하시면 금방 익숙해집니다. (〈서편제〉 영화에 나오듯이 피를 토할 때까지 연습할 필요는 없습니다.)

말의 속도를 적절하게 조정한다

말의 속도가 너무 느리면 학생의 두뇌가 time-sharing mode로 빠지고 강의와 무관한 잡생각이 끼여들게 됩니다. 반대로 말의 속도가 너무 빠르면 학생들은 정보를 접수하기 바쁜 나머지 진도를 따라올 여유가 없게 됩니다. 적절한 말의 속도는 학생들이 정보를 입수하고 분석하고 판단할 수 있는 시간의 여유를 줍니다.

발음을 똑똑히 한다

말이 들리기는 하는데 도대체 무슨 말을 하는지 알기 힘든 경우가 있습니다. 예를 들면 다음과 같습니다.

(ㄱ) '경제'를 '갱재'로 발음한다든지, 부정확한 발음으로 학생들을 혼동시키는 경우.
(ㄴ) 말을 크게 또박또박 하다가 끝에 가서 흐리는 경우.
(ㄷ) 말을 자기에게 하듯이 혼자 중얼중얼거리는 경우.
(ㄹ) 느린 말의 사이를 "에", "음" 따위의 불필요한 말로 메우는 경우.
(ㅁ) 빠른 말투로 인하여 단어들이 뒤범벅되거나 더덕더덕 붙어 나오는 경우.
(ㅂ) 튀어나오는 침을 피하느라 말의 내용에 신경을 쓰지 못하는 경우.

✻ 잔소리 코너 ✻

교수님의 목소리가 강의실의 모든 학생들이 들을 수 있을 정도의 크기여야 한다는 말은 너무나 당연한 말이겠지요. 그래서 '말하면 잔소리'같이 들릴 수 있겠습니다. 그러나 얼마 전 《중앙일보》(1999. 5. 8.)에 "안 들려요, 교수님!"이라는 제목의 기사가 대서특필로 실렸습니다. 강의실에서 교수님의 목소리가 잘 들리지 않기 때문에 학생들이 힘들어한다는 기사였습니다. 이런 기사가 일반 신문 사회면에 실릴 정도라면 이 문제는 상당히 흔하며 심각한 일이라고 추측됩니다.

바람직한 말의 속도란 무엇일까요. 물론 절대적 속도도 중요합니다. 말의 속도가 너무 빨라 말이 뒤범벅되어서도 안 되고 너무 느려 듣는 사람이 신경질날 정도로 되어서도 안 되겠지요. 하지만 말의 내용이 정확히 전달될 수 있는 말의 속도 범위 내에서 사람들이 선호하는 속도가 있다고 합니다. 예를 들어 미국 사람들은 말의 속도를 신뢰도와 연관 짓습니다. 말을 빨리 할수록 신뢰도가 높아진다는 연구 결과가 있습니다. 20세기 미국 대통령 중에서 가장 신뢰도가 높았던 케네디 대통령의 말 속도가 가장 빨랐다는 사실이 대표적인 증거로 제시되고 있습니다. 하지만 이 연구 결과에 주가 달려 있더군요. "말의 속도가 빠를수록 말하는 사람의 신뢰도가 올라가는데 단 한국의 경우는 예외다. 한국에서는 말을 느리게 해야 듣는 사람들이 그 말을 하는 사람을 더 잘 믿는다." 아마 이래서 한국 정치가들이 일반 시민들보다 훨씬 더 느릿느릿하게 말하는 모양입니다. 적절한 말의 속도에는 이렇듯 문화적 차이가 있습니다.

말의 내용이 확실히 전달되길 바라면 처음부터 끝까지 단어 하나하나가 정확히 들려야 합니다.

목소리에 변화를 준다
학.생.들.은.단.조.로.운.목.소.리.로.진.행.하.는.강.의.를.가.장. 힘.들.어.합.니.다.

목소리의 **크고** 작음

음의 **높고** 낮음

속도의 빠르고 느 ~ 림 ~ 에

적절한 변화를 주어야 합니다.

학생들은 단조로운 목소리로 진행하는 강의를 듣고 있으면 마치 교수님께서 최면을 거는 것 같다고 합니다. 한 10분만 듣다 보면 블랙 커피를 마셔대도 불구하고 정신이 멍해진다고 합니다. 반면 교수님은 학생들이 강의실에 그저 멍하게 앉아 있는 모습에 실망과 절망을 느끼게 되며 강의에 신이 나지 않는 악순환을 거듭하게 됩니다.

듣기 좋은 강의를 하기 위해서는 목소리의 크고 작음, 음의 높고 낮음, 속도의 빠르고 느림에 적절한 변화를 주어야 합니다. 생동감이 넘치는 강의는 교수를 열정적으로 보이게 하고, 그 열정은 학생들에게 쉽게 전달됩니다.

충분히 몸을 사용하라

비디오를 이용하여 스스로 강의하는 기술을 개선하고자 할 때 관찰할 사항 중에서 몸동작에 관하여 말씀드리겠습니다.

1. 몸동작이 의도적이고 적절한가?
2. 서 있는 자리를 옮겨주는가?
3. 학생들에게 시선을 주고 있는가?
4. 모든 학생들을 살펴보는가?
5. 몸동작의 효과를 극대화하는가?

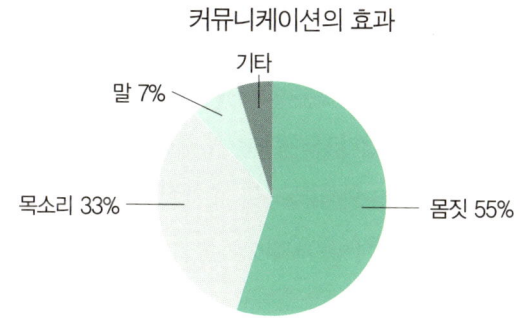

몸동작이 원하는 효과를 내게 한다

커뮤니케이션에 대한 연구에 따르면 몸동작이 의사 전달에 미치는 효과는 50% 이상이라고 합니다. 예를 들어 강의를 하는 동안 교수가 시계를 자꾸 들여다보는 행동은 강의를 무성의하게 빨리 끝내고 싶다는 뜻으로 학생들에게 전달된다는 것이지요. (1994년 미국 대통령 후보 토론 중에 부시 후보가 자신의 손목시계를 쳐다보는 모습이 텔레비전 화면에 잡혔는데 그 초조해하는 모습 때문에 클

린턴에게 참패당했다는 비평이 나오기도 했습니다.)

서 있는 자리를 옮겨준다

사람은 시선을 한 시간 동안이나 한 군데에 집중하다 보면 자기도 모르는 사이에 졸게 되어 있습니다. 그래서 강의를 하는 동안에 가끔씩 자리를 옮기거나 가능하면 교단에서 내려와 학생들 사이를 지나다니면 학생들의 시선 집중을 도와주게 됩니다. 이것은 한마디로 학생들의 눈동자를 '운동'시켜 주어서 피로함을 풀어주자는 뜻이기도 합니다. 특히 조는 학생 옆으로 지나가면 그 학생은 슬며시 깨어나게 되어 있습니다. 아무리 간이 큰 학생도 교수님 바로 앞에서 '나 몰라라' 하며 엎어져 있지는 않을 줄로 생각됩니다.

마찬가지로 수업 시간에 떠드는 학생들 곁으로 슬쩍 다가가면 말로 야단치지 않고도 같은 효과를 볼 수 있습니다. 그러나 너무 부산하게 이리저리 왔다갔다하는 것은 오히려 산만한 분위기를 가져올 수도 있기 때문에 절충하는 것이 효과적입니다.

학생들에게 시선을 준다

학생들과 눈을 맞추는 것은 매우 중요합니다. 학생들을 수시로

✻ 잔소리 코너 ✻

교단은 권리의 상징이며 교수와 학생을 철저히 이분화시키는 매개채입니다. 수직적 구조의 구시대에는 중요한 역할을 했지만 통합(integrated), 인터랙티브(interactive), 참여 등이 기본인 새 시대에는 교단이 교수와 학생을 갈라놓는 삼팔선 같아서는 안 됩니다. 따라서 교수가 교단의 성역을 허물고 학생들 틈으로 뛰어들 때에는 학생들에게 좋은 비구어적 메시지가 전달됩니다. 새 시대에는 강의실이 곧 '지식의 한마당'이 되어야 합니다.

처다보지 않으면 강의 내용이 너무 쉬워서 학생들이 따분해하는지, 거꾸로 너무 어려워서 혼란스러워하는지를 제때제때 알 수 없습니다. 그러다가 강의 끝 무렵에 학생들에게 "질문 없습니까?" 하면 학생들은 조용할 것입니다.

질문이 없다고 학생들이 강의 내용을 완벽히 알아들었을 것이라는 결론을 내리는 것은 착각일 테지요. 학생들의 반응을 무시한 채 준비된 각본대로 강의를 진행하면 깔끔하기는 할지 모르나 효과가 없습니다. 될 수 있으면 시선을 학생들 쪽으로 향해야 합니다.

모든 학생들을 살펴본다

일반적으로 사람들은 대화할 때 좋은 반응을 보이거나 대하기 편안한 얼굴이 있는 쪽을 보며 말하는 경향이 있습니다. 그렇기 때문에 학생을 향해 시선을 돌리더라도 강의실의 일정한 부분이나 몇몇 학생들에게만 편파적으로 치우치기 쉽습니다. 이런 경우 교수의 시선을 못 받는 학생들은 소외감을 느끼게 되며 학습 의욕을 잃게 될 수 있기 때문에 일부러라도 모든 학생을 두루 보며 말하는 것이 바람직합니다.

이때 주의할 점은 시선을 너무 빨리 움직이지 말고 학생이 자기의 눈이 교수님의 눈과 마주쳤다는 사실을 의식할 때까지 한 학생에게 순간적으로 시선을 정지시켜야 합니다. 따발총 쏘듯 사방팔방으로 휘둘러서 이마와 코에 맞추는 것이 아니고 한방 한방 조준해서 눈을 적중하자는 것입니다. 몇 번만 연습하시면 백발백중의 실력을 금방 쌓을 수 있습니다. 이 테크닉은 수업뿐만 아니라 회의하실 때에도 상당히 유용하리라 생각됩니다.

몸동작의 효과를 극대화한다

학생에게 시선을 줄 때는 마치 그 강의실에 그 학생 한 명밖에 없는 듯이 온 관심을 집중적으로 쏟아주십시오. 공부에 '흥미 없는' 학생이라도 자기에게 그런 관심을 보이는 교수님의 과목만은 나름대로 열심히 하게 됩니다. 그만큼 '시선 주기'는 효과적인 테크닉인데, 대형 강의실에서 강의할 경우에는 양쪽 모두 2.0 시력을 갖춘 교수님이라 해도 뒤쪽에 앉은 학생들과 눈을 맞추기란 불가능합니다.

이런 경우 몸동작을 보조할 필요가 있습니다. 예를 들어서 강의실 뒷줄에 앉은 학생들에게 시선을 주고 있다는 사실을 확실히 알리기 위해 "맨 뒷줄, 파란 재킷 입은 학생. 칠판에 쓴 글이 잘 보이나요?" 하는 식의 부담 없는 질문을 던질 수도 있습니다.

특히 뒤에 앉는 학생들은 열심히 공부하는 것과는 거리가 먼 학생일 확률이 높기 때문에 이런 테크닉을 이용하여 교수로부터 '숨을' 공간을 없애두는 것이 강의실의 분위기를 살리는 방법일 수 있습니다.

칠판을 효과적으로 사용하라

비디오를 이용하여 스스로 강의하는 기술을 개선하고자 할 때 관찰할 사항 중에서 '칠판 쓰기'에 관하여 말씀드리겠습니다.

1. 시각적 효과가 있는가?
2. 악센트 효과가 있는가?

3. 브레이크 효과가 있는가?
4. 본보기 효과가 있는가?
5. 말하는 내용을 중복하지 않고 보완하는가?

학습 효과를 높이는 칠판 사용

칠판 없는 강의실은 '앙꼬 없는 찐빵'이라 할 만큼 너무나 당연한 존재입니다. 그렇기 때문에 별 생각 없이 쓰이기도 합니다. 그러나 칠판을 잘 이용하면 좋은 학습 효과를 낼 수 있습니다.

칠판은 크게 네 가지 효과를 낼 수 있습니다.

(ㄱ) 말로는 충분히 묘사나 설명이 안 될 때 그림이나 도표나 수식으로 나타낼 수 있는 '시각적' 효과.

(ㄴ) 말하다가 요약해서 쓰거나 쓴 글에 밑줄을 긋거나 원을 그리면서 중요한 점을 지적하고 부각시킬 수 있는 **'악센트'** 효과.

(ㄷ) 습관적으로 말을 빨리 하거나 강의 진도가 급하게 나갈 때 판서를 하여 속도를 늦추고 학생들에게 생각할 기회를 줄 수 있는 '브레이크' 효과.

(ㄹ) 전문인/학자의 필기 습관을 보여줄 수 있는 **'본보기'** 효과.

이 네 효과를 최상으로 만들려면 칠판에 무엇을 얼마만큼 쓰고 있는가에 신경을 써야 합니다.

판서는 중요한 내용만 다룬다

교과서에 나오는 내용을 칠판에 그대로 판서하는 경우가 있습니다. 이럴 때 학생들은 황당해합니다. 따라 쓰자니 쓸데없는 일 하는 것 같고, 안 하자니 뭔가 허전하게 느껴지기 때문입니다. 그렇다고 뾰족이 다른 할 일도 없으니 대부분 학생들은 끄적끄적 판서된 내용을 따라 씁니다. (물론 "중요한 메시지는 반복함으로써 확실하게 전달할 수 있다"는 말이 있지만 이런 상황에는 해당되지 않습니다.) 이런 경우에 학생들이 강의를 '빼먹고' 싶은 충동을 느끼는 것은 당연하지요.

판서는 될 수 있는 한 줄인다

강의 시간이 시작되자마자 판서하기 시작하여 끝나는 종소리가 날 때까지 쉬지 않고 판서만 하는 교수님이 있습니다. 비록 교과서에 없는 내용을 쓴다 하더라도 이것은 강의 시간을 유용하게 보내는 방법이 아닙니다.

이유는 크게 두 가지입니다. 첫째, 학생들은 칠판에 쓰여진 내용

✽ 잔소리 코너 ✽

교수님께서 '보여주는' 말씀을 학생들이 받아쓰는 지식 전달 위주 강의는 구시대에서나 중요합니다. 지식이 흔해빠진 새 시대에는 꼭 강의실 안에서 교수님을 통하지 않더라도 누구나 자신이 필요한 지식을 아무데서나 쉽게 접할 수 있습니다. 따라서 강의 시간에는 교수가 학생들에게 지식 '내용'을 보여주기보다 지식을 분석하고, 분별하고, 창조해 내는 능력을 가르쳐주는 것이 중요합니다. (저는 이것을 일컬어 '지식 유통 개혁'이라고 말합니다.)

많은 내용을 강의할 때 발표자는 '뿌듯함'을 느낄 수 있습니다. 지식이 귀하던, 지식을 고체 덩어리로 인식하던 '옛날 옛적'의 향수에 젖어 있으면 이런 느낌이 듭니다. 무조건 많을수록 좋다는 생각은 구시대의 발상입니다. 새 시대는 지식을 무게로 달아 팔지 않습니다. 새 시대는 지식의 질을 따지는 때입니다. 학생들에게 너무 많은 양의 내용을 전달하려 하지 말고 학생들로 하여금 주어진 내용에 대해 많이 생각하게 하는 것이 좋습니다.

을 베끼는 데 급급하게 됩니다. 그러자니 교수님의 설명을 잘 듣지 못하게 될 뿐더러 생각하고 정돈할 수 있는 여유도 없을 수밖에요 (속기사를 배출하는 학교에서는 필요한 훈련이라는 점 인정합니다).

둘째, 교수는 판서하는 동안 학생들로부터 등을 돌리게 되며 자연히 등을 돌린 채로 말을 건네게 되지요. 아니 학생들과 무슨 '웬수'지간입니까!

학생들에게 시선을 주기 위해서 판서는 최소한으로 줄이는 것이 바람직합니다.

도구를 통한 수업 진행

요즘 학생들은 귀로 정보를 듣기보다 눈으로 보기를 선호한다는 연구 결과가 있습니다. 물론 사람마다, 또 추구하는 학문에 따라 어느 정도 차이가 있지만 특히 공대생들은 압도적으로 청각보다는 시각이 많이 발달되어 있다고 합니다. 그뿐 아니라 강의 시간에 듣기와 보기를 같이 할 때의 학습 효과는 듣기만 했을 때보다 거의 5배로 높다고 합니다.

따라서 칠판 이외에 OHP, 컴퓨터(Power Point), 비디오, 슬라이드 등 시각적 효과가 높은 도구를 강의중에 알맞게 활용하는 것이 좋습니다. 필요한 것을 손쉽게 구하거나 복사할 수 있고, 보기에 근사하고, 분필 가루 들이마실 필요 없고 얼마나 좋은가요! 그러나 OHP 같은 기구는 너무 쓰기 편리하기 때문에 오히려 문제가 생기기도 합니다. 다음은 OHP를 쓸 때 염두에 둘 점입니다.

강의의 내용을 보완한다

강의 내용이 '깡그리' OHP에 적혀 있어 교수가 그 내용을 줄줄 읽어 내려가는 경우가 있습니다. 학생 중에 반은 장님이고 나머지 반은 귀머거리일 경우에는 좋은 테크닉이 되겠습니다만 눈과 귀가 다 멀쩡한 학생들은 따분해할 것입니다. OHP는 강의(말)를 보완해야지 대치하거나 중복하게 되면 효과가 없습니다.

잘못 사용된 OHP : 말의 내용을 대치하는 경우
　　　　　　　　　　말의 내용을 중복하는 경우

잘 사용된 OHP : 말의 내용을 보완하는 경우
　　　　　　　　　말로 표현 안 되는 내용을 보이게 하는 경우

잘 보이게 한다

12 폰트 글씨는 잘 보이지 않습니다

14 폰트 글씨도 잘 보이지 않습니다

18 폰트 이상을 쓰면 좋습니다

24 폰트는 가끔 쓰면 좋습니다

24 폰트 이상은 너무 큼

책에 나오는 내용이나 그림을 확대하지 않고 그대로 OHP로 복사하는 경우에는 내용이 잘 보이지 않아 학생들은 아예 신경을 꺼 버립니다. 18폰트 이상의 글씨체를 쓰면 좋습니다.

진도가 적절해야 한다

칠판 쓰기는 강의 진행 속도를 늦추는 반면 OHP는 강의 진행을 가속하는 결과를 초래합니다. 학생들에게는 OHP에 실린 많은 내용을 다 필기할 시간도, 생각해 볼 여유마저 없지요. 이때 학생들은 쫓아가기 바빠 당황해합니다.

분량이 적절해야 한다

한정된 시간에 강의가 빠른 속도로 진행된다는 말은 많은 내용이 소개된다는 뜻이기도 합니다. OHP는 쉽게 준비할 수 있기 때문에 필요 이상으로 많은 분량의 내용이 발표될 수도 있습니다. 발표되는 내용이 넘쳐흐를 때에는 학생들이 소화불량에 걸릴 확률이 매우 높습니다.

강의 진행도 기술이다

비디오를 이용하여 스스로 강의하는 기술을 개선하고자 할 때 관찰할 사항 중에서 이번에는 강의 진행에 관해 말씀드리겠습니다.

1. 강의에 열의가 느껴지는가?
2. 시간을 의미 있게 보내는가?

3. 강의 속도가 적절한가?

강의에 열의가 느껴지도록 한다

기운이 축 처져서 진행되는 강의는 학생들을 피곤하게 합니다. 그러나 열의가 있는 강의는 시간 가는 줄 못 느끼고, 끝날 때에는 오히려 아쉬운 마음까지 들게 합니다. 열의가 있는 교수의 몸동작에는 생동감이 있고, 목소리가 분명하고, 강의는 팽팽하게 진행되고, 메시지가 확실하고, 말 한마디 한마디에 자신이 있어 보입니다. 자신의 강의 모습을 보면서 열의가 느껴지는지 관찰하십시오.

시간을 의미 있게 보낸다

연속극이나 영화를 보면 가끔 '시간 때우는' 장면이 나오는데 시청자는 그것을 단박에 알아봅니다. 그러면 '김이 새고' 뭔가 당한 기분이 들지요. 강의 역시 크게 다를 것이 없다고 생각됩니다. 따라서 강의를 늦게 시작하거나, 빨리 끝내버리거나, 강의 내용과 무관한 잡담을 하는 등 소중한 시간을 허비하는 장면이 비디오에 잡혔는지 살펴보시기 바랍니다.

거꾸로 강의 시간이 끝났는데도 계속해서 진행되는 강의도 시간을 허비하는 예입니다. 강의가 끝났음을 알리는 종소리가 나는 순간 학생들의 마음과 정신은 벌써 다른 곳으로 빠져나가 버립니다. 다음 수업이나 친구 만날 일을 생각하면서 가방 챙기기에 바쁩니다. 따라서 학생들은 강의 시간을 넘기며 계속 강의하는 교수의 열의에 감동받기는커녕 교수가 밉거나 한심스럽다고 생각할 것입니다. 강의는 아무쪼록 제시간에 끝내야 효과적입니다.

강의 속도가 적절해야 한다

강의를 처음에는 느긋하게 하다가 끝에 가서 급하게 마무리 짓지는 않는지요? 강의의 결론이란 대개 끝머리에 나오게 마련 아닙니까. 그러니 강의는 오히려 끝나갈수록 여유 있게 진행해야 합니다. 강의를 그때그때 상황에 따라 융통성 있게 조절하지 못하고 준비한 그대로 이행할 때 마무리를 급하게 지어야 하는 불상사가 생깁니다.

적절한 강의 속도는 학생들의 수준에 맞게 진행되지만 예정된 진도를 나가게 합니다. 2차적인 내용(예문, 문제, 복습)을 여럿 준비해서 시간이 허락하는 만큼 쓰면 시간을 쉽게 조정할 수 있습니다. 또한 칠판 쓰기와 OHP 쓰기는 강의 속도를 상당히 좌우합니다.

효과적인 강의 구성은 어떤 것인가

효과적인 강의는 매번마다 시작과 줄거리 그리고 끝맺음이 있습니다. 강의를 매주 방송되는 연속극에 비유해 보면 유익하리라 생각됩니다.

✱ 고난도 기술 ✱

'열의'와 '열광'의 뜻은 비슷하지만 저는 일부러 구분을 짓습니다. 교수는 신바람이 나고 얼굴이 확확 달아오를 정도로 열변을 토해내는 반면 학생들은 시무룩하게 앉아 있으면 '열광'입니다. 스스로 도취되어 학생들의 반응을 무시하는 '열광'은 학생들을 구경꾼으로 전락시킵니다. 이와 반대로 열의가 느껴지는 강의는 박진감이 있고 교수의 진지한 태도가 학생들에게 전염되어 교수와 함께 '지적(知的) 한마당'을 이룹니다.

1. 강의에 시작이 있는가?
2. 강의에 숨돌릴 여유가 있는가?
3. 호기심을 유도하는가?
4. 가장 중요한 부분이 부각되었는가?
5. 강의에 끝맺음이 있는가?

강의에 시작이 있어야 한다

지난번 강의 요약(Review)	**무엇을 하였는가**
새 강의 요약(Preview)	**무엇을 하고자 하는가**
교육 목적(Objectmes)	**왜 하는가**

연속극은 첫 부분에 전편 장면을 살짝 보여주고 시작합니다. 그래야 시청자들이 흐름을 빨리 파악하기 때문입니다. 이와 같이 강의를 시작할 때에 새 내용으로 곧바로 들어가지 말고 지난번 강의 내용을 1~2분 정도 요약하면 좋은 학습 효과를 낼 수 있습니다.

강의에 숨돌릴 여유가 있게 한다

학생들의 집중력을 테스트한 연구 결과가 있습니다. 한 시간짜리 강의를 들으면 첫 15분에 발표된 내용은 75% 정도 기억하고 그 후에는 기억하는 정도가 차츰 떨어져서 맨 마지막 15분에 들은 내용은 20%도 기억하지 못한다고 합니다. 이렇듯 시간이 갈수록 학생들의 집중력이 떨어지는 것은 자연의 이치이기 때문에 교수는 학생들이 강의에 계속해서 주의를 기울일 수 있도록 도와주어야

강의 효과

첫 15분 75%
마지막 15분 20%

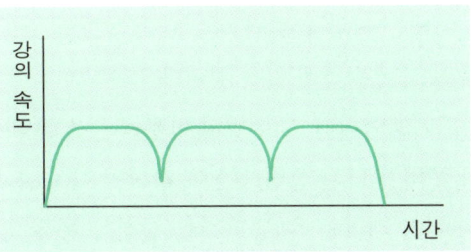

합니다. 학습 효과를 높이려면 강의를 '단막극'으로 생각하지 마시고 중간중간에 막을 내리고 배경을 바꾸는 '다막극'으로 구상하는 것이 필요합니다. 매 15~20분마다 변화를 주면 강의 시간 내내 상당히 높은 집중률을 유지할 수 있습니다.

호기심을 유발한다

'가르치기와 배우기'는 한 동전의 양면 같은 것이라고 합니다. 한쪽에서 가르치면 다른 쪽에서는 배움이 저절로 공존한다는 뜻이 내포되어 있지요. 그러나 저는 '가르치기와 배우기'를 '악수하기

> ✳ **고난도 기술** ✳
>
> 요약은 교수가 할 수도 있지만 저는 학생이 하도록 하고 있습니다. 특히 학생 한 명은 칠판에 지난번 강의를 요약(review)해 쓰게 하고 다른 한 명은 그날 할 강의 내용을 요약(preview)하게 하여 많은 학생에게 발표할 기회를 부여합니다. 그뿐 아니라 요약을 한 후 약 2분 정도 구두로 설명을 덧붙이게 하여 학습 효과를 이중 삼중으로 보게 합니다. 시간을 헤프게 쓰지 않도록 요약은 강의 시작 전에 미리 써놓도록 합니다. 발표하는 데 총 5분 정도가 소요되지만 상당히 가치 있는 5분이라고 생각합니다.

에다 비유합니다. 두 손을 마주잡아야 이루어지는 악수 말입니다. 제아무리 손 내밀고 흔들어봤자 상대가 같이 응해주지 않으면 안 되니까요. 악수를 청하고서는 상대가 손을 내밀기 전에 저 혼자 손 내밀고 흔들어대는 사람을 한번 상상해 보십시오. 우린 그 사람의 정신 상태를 의심할 수밖에 없을 겁니다.

강의도 마찬가지입니다. 교수님이 아무리 중요한 내용을 강의해도 학생들이 준비가 덜된 상태라면 그 강의는 아무 효과가 없을 것입니다. 효과적인 강의는 '기똥찬' 예, 실질적 응용, 엉뚱한 응용, '칼'같이 예리한 질문 등으로 학생들을 도전하게 만들거나 학생들의 호기심을 자극하여 배우고 싶어하는 학습 동기를 유발합니다. 강의 중간중간에 이러한 요소들이 있는지 관찰해 보십시오.

가장 중요한 내용을 부각시킨다

훌륭한 강의를 하려면 강의의 핵심 메시지를 세 번 반복하라는 말이 있습니다. 예를 들어 "오늘은 XYZ에 관해서 강의를 하고자 합니다"로 시작하여 XYZ에 관해 강의를 하고 난 후 "오늘 XYZ에 관한 강의를 했습니다"라고 말하면서 끝내는 식이지요. 얼핏 듣기에는 우스갯소리같이 들리지만 강의를 오래 하신 교수님들께서는 수긍하시리라 생각됩니다.

중요한 메시지는 반복함으로써 확실하게 전달할 수 있습니다.

✽ 고난도 기술 ✽

여기서 '변화'란 말은 꼭 강의 내용을 바꾸라는 뜻이 아닙니다. 중요한 것은 학생이 다양한 활동을 하도록 해주는 것입니다. 필기 위주에서 듣기 위주나 OHP 등 보기 위주로 바꿔도 효과적인 변화이며, 더 바람직한 것은 학생들을 능동적으로 유도하는 발표하기, 문제 풀어보기, 퀴즈 풀기, 토론하기 등입니다.

강의에 끝맺음이 있게 한다

연속극은 하나의 큰 이야기가 작은 에피소드로 나뉘어 방송되는 것이지만 각 에피소드에는 나름대로 하나의 완전한 이야기가 실려 있습니다. 강의도 마찬가지로 전후의 강의 내용과 연결되어 나가는 것이지만 각 강의마다 매듭을 짓는 것이 좋은 강의라고 말할 수 있겠습니다. 개념을 설명하거나 수식을 푸는 도중에 "다음 시간에 계속하겠습니다" 하고 강의를 중단하는 경우는 어설픈 강의의 예입니다.

짜임새 있는 강의를 구성하기 위해서는 강의의 목적을 확실하게 정하셔야 합니다. 그래서 강의가 끝나가고 있음을 시계를 보고서가 아니라 강의가 목적을 달성하고 있다고 느낌으로 알아야 합니다.

✱ 고난도 기술 ✱

메시지의 부각 방법으로 '말로 반복하기'같이 노골적으로 표현하는 방법보다 은근 슬쩍 암시하는 방법이 더 큰 효과를 낼 때도 있습니다. 절정(climax) 유도하기, '1분 퀴즈' 치르기, 시험 들먹거리기 등의 고난도 기술이 있습니다.

연속극의 끝 부분에 시청자가 후편을 기다리도록 호기심을 자극하는 장면이 나옵니다. 이와 같이 강의를 끝내면서 다음 강의의 핵심 포인트가 예고되는 질문을 던지면 학생들의 학습 동기를 유발시킬 수 있습니다.

✱ 잔소리 코너 ✱

강의를 연속극에다가 비유하는 자체가 '틀려먹었다'고 항의하는 교수님도 계시겠습니다. 옳습니다. 교수가 연극만 하는 배우가 되어서는 안 되지요. 교수는 배우뿐만 아니라 감독, PD, 각본 작가의 역할까지 다 맡아 해야지요. (한술 더 떠서 죄송합니다.) 매번 '공연'할 때마다 수백 명의 관객을 '보장'받는 시대는 점차 사라질 것입니다. 평생 교육을 요구하는 새 시대에는 강의를 예술의 경지로 올려놓는 교수님이 대환영받을 것입니다.

〈강의 자가 진단표〉

비디오를 통해 자신의 강의를 관찰하실 때 편리하게끔 관찰 항목을 체크 리스트 형식으로 꾸몄습니다. 이 리스트에는 앞서 다루지 않은 항목도 있습니다.

목소리

1. 목소리 크기가 적절한가?   5 4 3 2 1
2. 말하는 속도가 적절한가?   5 4 3 2 1
3. 발음이 똑똑한가?   5 4 3 2 1
4. 목소리에 변화가 있는가?   5 4 3 2 1

몸동작

1. 몸동작이 의도적이고 적절한가?   5 4 3 2 1
2. 서 있는 자리를 옮겨주는가?   5 4 3 2 1
3. 학생들에게 시선을 주고 있는가?   5 4 3 2 1
4. 모든 학생들을 살펴보는가?   5 4 3 2 1
5. 몸동작의 효과를 극대화하는가?   5 4 3 2 1

칠판/OHP쓰기

1. 시각적 효과가 있는가?   5 4 3 2 1
2. 악센트 효과가 있는가?   5 4 3 2 1
3. 브레이크 효과가 있는가?   5 4 3 2 1
4. 본보기 효과가 있는가?   5 4 3 2 1
5. 말하는 내용을 중복하지 않고 보완하는가? 5 4 3 2 1

강의 진행

1. 강의에 열의가 느껴지는가?　　　　　5 4 3 2 1
2. 시간을 의미 있게 보내는가?　　　　　5 4 3 2 1
3. 강의 속도가 적절한가?　　　　　　　5 4 3 2 1

강의 구성

1. 강의에 시작이 있는가?　　　　　　　5 4 3 2 1
2. 강의에 숨돌릴 여유가 있는가?　　　　5 4 3 2 1
3. 호기심을 유도하는가?　　　　　　　　5 4 3 2 1
4. 가장 중요한 내용이 부각되었는가?　　5 4 3 2 1
5. 강의에 끝맺음이 있는가?　　　　　　　5 4 3 2 1

학생들과의 관계

1. 학생들을 개개인으로 인식하는가?　　　5 4 3 2 1
2. 학생의 의사를 존중해 주는가?　　　　　5 4 3 2 1
3. 학생들이 참여할 기회를 주는가?　　　　5 4 3 2 1
4. 학생이 잘했을 때 알맞게 칭찬하는가?　　5 4 3 2 1
5. 학생이 못했을 때 격려해 주는가?　　　　5 4 3 2 1
6. 학생들로부터 '거리감 없는 존경'을 받는가?　5 4 3 2 1

위 28항목의 점수 합산 결과

115~140점　아주 우수한 교사이십니다.

84~114점　열심히 노력하셨습니다.

57~113점　조금만 노력하시면 많은 발전이 있겠습니다.

0~56점　아직 풍부한 잠재력을 활용하지 않으셨군요.

4
강의 평가를 통한 발전

강의 평가의 신뢰성을 믿는다

강의 평가를 "애들이 뭘 안다고?" 하면서 일축하지 마시고 진지하게 받아들여야 합니다. '강의 평가를 통해 자신의 강의 발전하기'는 '비디오를 통해 자신의 강의 개선하기' 못지않게 효과적인 방법이기 때문입니다.

과연 학생들이 교수님의 강의 실력을 제대로 판단하고 평가를 할까요? 학생들이 감정이나 선입견에 좌지우지하지 않겠느냐 하는 질문은 미국에서도 오랫동안 강의 평가의 신뢰성을 따질 때에 가장 자주 거론되던 문제였습니다. 미국에서는 지난 70년 동안 강의 평가에 대한 연구가 무척 많았는데, 이들을 종합 분석해 본 결과로는 '학생들의 강의 평가는 신뢰성이 아주 높다'는 것으로 판명되었습니다.

예를 들어, 학생들의 강의 평가의 신빙성에 대하여 행해진 1,600여 개의 연구를 모두 검토해 본 결과 학생들의 강의 평가 점수의 상관도는 0.90～0.94로 상당히 높은 것으로 나타났습니다. 즉 일관성이 있다는 것입니다.

강의 평가의 신뢰성과 타당성에 대한 몇 가지 '신화'와 그 '검증'을 요약하겠습니다.

신화 1. 강의 평가는 교수의 인기도와 직결된다

학생들이 진실한 교육자보다는 약장사같이 유창한 말재주로 강의를 재미있게 이끌어가는 교수에게 후한 평가를 준다는 믿음이 팽배합니다. 또 실력은 없어도 학생들에게 인기를 끌기 위해 점수를 후하게 주는 교수들이 높은 평가 점수를 받는다는 '설'이 있습니다. 그러나 학생들은 '말 잘하는 것'과 '강의 내용의 수준과 질'을 구분한다고 합니다. 또 '인기술을 쓴다'와 '전문 지식과 실력이 있다'와의 구분을 명확히 한다고 합니다.

신화 2. 교육의 효과는 즉각 나타나는 것이 아니므로 수업 직후의 평가는 의미가 없다

그러나 연구 결과를 보면 학기말에 한 평가와 5～10년 후에 내린 평가가 일치함을 알 수 있습니다. 다시 말해 진실이 깃든 훌륭한 강의는 지금 당장에도 인정받지만 나중에 회고해 보아도 높은 평가를 받는다는 것입니다.

신화 3. 강의 평가는 강의생 숫자가 크면 불리하다

대강의를 하는 교수와 소강의를 하는 교수를 일률적인 평가 점수로 비교한다는 것은 매우 불공평하다는 인상을 줍니다. 그러나 강의 평가 점수와 수강생의 크기와의 상관도를 보니 서로 아무 상관 관계가 없는 것으로 나타났습니다. 단, 대학원생 강의와 15명 이하의 강의에서만 강의 평가 점수가 약간 높게 나올 뿐, 그 이상은 수십 명부터 수백 명까지도 별 차이가 없다는 결론입니다.

신화 4. 강의 시간이 평가 점수에 불리할 때가 있다

예를 들어 이른 오전이라든지 늦은 오후, 혹은 점심 시간 전후 등은 출석률도 낮고 학생들도 강의에 집중을 안 하여 강의 평가 점수가 낮아질 것이라는 우려가 있습니다. 그러나 이들 사이에는 전혀 상관 관계가 없는 것으로 나타났습니다. 심지어 주말이나 주초, 주중의 강의 요일과도 무관한 것으로 나타났습니다.

학생들의 강의 평가는 교수님의 강의 모습을 비디오처럼 '있는 그대로' 전해줍니다. 강의 평가는 교수님께서 어떻게 활용하냐에 따라 가치가 정해집니다. 교수님께서 유익하게 활용하시기 바랍니다.

강의 평가의 효과를 믿는다

'강의 평가를 통해 자신의 강의를 관찰'하면 효과가 있을까요? 강의 평가를 받을수록 교수는 점점 더 훌륭한 강의를 하게 되지 않을까요? 만일 그렇다면 대학교 전체의 강의 평가 점수는 매학기 조금씩 올라가야 할 것입니다. 과연 그럴까요?

미시간 공대의 경우는 학교 전체의 강의 평가 평균 점수가 놀랍게도 지난 10년 간 조금도 달라지지 않았습니다. 이런 현상에 대해 원인을 알아보려 했으나 유감스럽게도 결론을 단정 지을 만한 연구가 나와 있지 않았습니다.

그러나 그 원인을 규명하는 것은 쉽지 않습니다. 원인이 복합적일 수 있기 때문입니다. 예를 들어 강의 평가의 도구가 부실한 것도 한 가지 요인일 수 있을 것입니다. 지난 10년 동안 강의 평가 점수에 큰 변동이 없는 이유는 아마도 '제로섬' 현상으로 플러스와 마이너스가 양극화하여 평균치만으로는 변동이 없는 것처럼 나타난 것이 아닐까 합니다.

다시 말해 높은 평가를 받은 교수님은 강의 평가를 신뢰하고, 학생들의 반응을 존중하며, 다음 평가를 더 높이 받기 위해 노력하기 때문에 아마 평가 점수가 향상되었을 것입니다. 그 반대로 강의 평가 점수가 좋지 못한 교수(정말 피드백이 꼭 필요한 교수)님들은 평가를 보는 순간 자존심도 상하고, 원인을 자신의 교수법 이외의 다른 요인으로 돌리려고 하며, 학생들의 평가를 무시하거나 받아들이지 않기 때문에 평가 점수는 더 낮아지게 되었을 것입니다. 점점 더 향상하는 교수님들과 점점 더 퇴보하는 교수님들의 점수가 합산되면 표면상으로는 '변동 없음'으로 나타난다는 해석입니다.

결론적으로 강의 평가를 통해 자신의 강의를 발전시키려고 하는 교수님에게만 강의 평가가 효과가 있다는 얘기입니다.

실은 강의 평가를 하는 데에는 크게 두 가지의 목적이 있습니다. 첫째는 교수의 능력과 기여도를 '점수로 환산하여' 승진이나 보수 책정 같은 인사 결정을 할 때 반영하기 위한 결론 지향적 목적(summative evaluation)이고, 둘째는 교수님들 스스로가 강의를 더 잘할 수 있도록 학생들로부터 피드백을 얻기 위한 발전 지향적 목적(formative evaluation)입니다.

강의 평가는 그저 하나의 도구일 뿐입니다. 도구는 어떻게 쓰느냐에 따라 효과가 달라집니다.

평가를 자주 한다

학기말에 실시한 강의 평가가 한 두어 달 후에야 결과가 되돌아옵니다.

"아, 학생들이 내 수업에 구체적인 예가 별로 없었던 것에 힘들어했구나. 가끔 예를 드는 것이야 어렵지 않지."

강의를 좀더 효과적으로 개선할 방안을 찾아냈습니다. 역시 강의 평가는 '발전 지향적 목적'을 충실히 해냈습니다. 그러나 이미 때는 늦었습니다. 추상적인 강의를 지루하게, 혹은 어렵게 들은 학생들은 벌써 떠났기 때문입니다. 물론 다음 학기에 수강하는 학생들한테는 도움이 되겠지요.

그러나 이왕이면 단점을 즉시 발견하고 그때그때 개선해서 학생들에게 곧바로 혜택이 돌아가게 할 수는 없을까요?

강의 평가를 반드시 학기말에 해야 할 이유가 없습니다. 그리고

> ✱ **잔소리 코너** ✱
>
> '발전 지향적' 강의 평가는 피드백 시스템입니다. 정보 시대에 걸맞은 운영 체제는 real-time processing, just-in-time delivery 등이며 교육에도 도입해야 하겠습니다. 강의 평가가 '결론 지향적 목적(교수 실적 평가, 연봉제 등)'으로 치우치게 되면 남는 것은 '괴로움'밖에 없습니다.

대학에서 제시한 강의 평가서를 사용해야 한다는 법도 없습니다. 물론 학기말에 대학에서 실시하는 강의 평가는 규칙에 따라 해야겠지요. 그러나 그외에도 학기 중에 수시로 강의 평가를 실시할 수 있습니다.

중간고사 전후에 비공식적으로 강의 평가를 해볼 수 있습니다. 공식적인 설문지를 모방할 수도 있고, 간소하게 약식으로 치를 수도 있습니다. 아니면 교수님께서 평소에 궁금해하셨던 점에다 초점을 맞추어 설문지를 새로 작성하시는 것도 바람직하겠습니다.

제가 가장 즐겨 쓰는 강의 평가는 미국에서 상당히 많이 쓰는 '1분 퀴즈'라는 강의 평가서입니다. 이 강의 평가서는 수업이 끝나기 1분 전에 학생들이 익명으로 써내는 것인데 질문은 단 2개입니다.

1. 이 시간에 배운 것 중에서 가장 중요하다고 생각되는 것은 무엇입니까?
2. 어떤 부분이 가장 혼동스럽습니까?

만일 첫 번째 질문에 대한 답이 가지각색이면 수업의 교육 목적을 확실하게 전달하지 못했다는 뜻이 됩니다.

만일 두 번째 질문에 상당히 많은 학생들이 비슷한 내용을 지적했다면 다음 수업 시간에 새로운 토픽으로 넘어가기 전에 짤막하게라도 보충 설명을 하는 것이 좋습니다. 당장 학생들로부터 좋은 호응을 받게 될 것입니다.

"교수님께서 우리의 의견을 존중해 주시는구나. 우리를 위한 강의를 하시는구나. 역시 학생들을 배려해 주시는 교수님이다."

학기말 강의 평가 최종 점수 1점 미리 따놓으신 것과 다름없습니다.

'1분 퀴즈'는 매수업마다 할 수도 있고, 매주 한 번 할 수도 있고, 가끔 가다 할 수도 있습니다. 저는 한 학기에 두세 번 정도 합니다. 수강생 수가 100~200명이 되어도 시간적 부담이 많지 않습니다. 왜냐하면 학생들은 대개 비슷한 내용을 적어내기 때문에 읽는 데 시간이 걸리지 않기 때문입니다.

유능한 교수의 강의 평가 사례를 참조한다

아래에 드는 예문들은 실제로 어느 교수님들의 강의에 대해서 학생들이 평가한 글을 모은 것입니다.

○○ 교수님은 학생들이 이 과목에 흥미를 갖도록 해주는 능력이 있다. ○○ 교수님은 학생들에게 관심을 보이시고, 학생들이 지속적으로 배울 수 있도록 배려해 주신다. 정말 대단한 분이다. 이 대학에서 가장 우수한 교수님이라고 생각한다. 또 학생들에게 우수한 수준, 그 이상으로 올라갈 수 있도록 엄격한 기준을 요구하신다. 우리들의 엉덩이를 힘껏 차주시는 분이다.

○○ 박사님은 당신이 가르치는 과목에 엄청난 열정을 보이신다. 그리고 가르치는 내용도 무척 잘 아신다. 덕분에 학생들도 덩달아 이 과목에 열정을 갖고, 또 수업 내용에 흥미를 갖게 된다.

○○ 교수님은 정말 열심히 가르치십니다. 그리고 학생들이 제대

로 배우고 있는지에 정말 관심을 두시는 것 같습니다. 교수님의 열성이 학생들의 열정에 불을 지피는 것 같습니다.

○○ 교수님은 학생들이 훌륭한 엔지니어가 될 수 있도록 영감을 주신다. 단지 교과서를 통해서만이 아니라 관찰과 실험을 통해서 이 세계가 제공할 수 있는 것이 무엇인가에 대해 생각하게 하고, 또 양심적인 엔지니어가 될 수 있도록 지도해 주신다.

○○ 교수님은 xx 과목을 학생들이 정말 열심히 배우고 싶도록 훌륭하게 동기를 부여해 주신다. 또 학생들이 집중해서 수업을 듣도록 유도하신다. ○○ 교수님은 교수직의 '마이클 조던'이시다.

○○ 교수님은 지속적인 학습과, 실생활에서 우리가 부딪칠 문제에 대해 생각해 보는 연습을 강조하신다. 학생들이 언제나 질문할 수 있도록 시간을 할애하시고, 학생들을 얼간이 취급하지 않으신다.

○○ 박사님은 그분의 과목을 듣는 학생들이 정말 열심히 공부하도록 만드신다. 학생들이 질문하게 해주고, 또 기꺼이 도움을 주신다. 학생이 노력하는 한 시간을 아끼지 않고 도와주시고, 질문이 있으면 수업 시간 외에도 찾아볼 수 있게 해주신다.

○○ 교수님은 단지 강의만 하시지 않는다. 학생들이 토론을 이끌어내는 질문을 하도록 요구하신다. 또 시험을 칠 때에도 학생들이 단지 공식을 따라 푸는 게 아니라 문제에 대해 생각할 수 있게 출제하신다.

○○ 교수님은 학생들이 수업 내용이나 그밖의 문제에 대해 교수님을 찾아보기를 원하신다. 학생들이 수업 내용을 정말 잘 배울 수 있게 가르치신다.

○○ 교수님은 강의 내용을 학생들에게 전달하는 탁월한 능력자시다. ○○ 교수님은 학생들이 스스로 배울 수 있도록 모범을 보이신다. 단순히 정답이나 틀린 답을 찾아내는 것보다는 우리가 생각하는 방식에 더 관심을 보이신다.

매번 강의를 듣고 교실을 나설 때 나는 정말 〈○○학〉을 이해했다는 느낌이 든다. ○○ 교수님이 설명하시는 것이나 논리적으로 생각하시는 것에는 모든 훌륭한 엔지니어가 꼭 배워야 할 '질문하는 방식'이 담겨 있다.

○○ 교수님은 수업 내용을 이해할 수 있도록 설명을 정말 잘해주신다. ○○ 교수님은 학생들이 모두 수업 내용을 파악했다는 것을 확인하지 않고는 진도를 나가지 않으신다. 수업중에 학생들이 질문을 하도록 격려해 주시는데, 질문을 해야 이해를 할 수 있기 때문이다. ○○ 교수님은 전반적으로 학생들이 수업 내용을 잘 배울 수 있도록 관심을 많이 쏟으신다.

○○ 교수님은 어려운 내용을 잘 설명하신다. ○○ 교수님만큼 xx와 yy에 대해 잘 이해하는 사람은 드문 것 같다. 그분의 수업은 정말 재미있다. 커뮤니케이션 기술이 탁월하시다. 탁월한 명강의 교수님이다.

OO 교수님이 교재 수준보다 더 높은 단계의 학습을 하도록 하시는 열정은 정말 효력이 있다.

OO 교수님은 단지 이 과목만이 아니라 모든 사물에 대해 가르치는 데 정열적이시다. OO 교수님은 굉장한 학습 분위기를 조성하신다.

OO 교수님은 박력 있는 강의를 하신다. 매번 강의실에 들어오실 때 가르칠 준비가 되어 있다. 수업에 대한 열정이 강의중에도 보이지만 강의 내용을 실험 실습실에서 보여주실 때에도 잘 나타난다. OO 교수님은 계산기를 두드리는 공학도가 아니라 지성적인 공학도가 되도록 고무시켜 주신다.

OO 교수님은 학생들이 배울 수 있도록 가르치는 방식을 바꾸어 보는 능력이 있다. 한 가지 방식으로 가르치다가 학생들이 잘 이해를 못하는 것 같으면 학생이 원하는 바를 잘 고려한 다음 다른 방식으로 바꾸어 설명을 해주신다.

OO 교수님은 이제까지 내가 들어본 다른 어떤 강의의 교수님과도 다른 스타일로 강의를 하신다. 이분의 가장 큰 장점은 아마도 학생들이 문제를 풀 때 세부 단계로 바로 뛰어들기 전에 우선 거시적 안목으로 문제를 볼 수 있게 만드는 방식에 있지 않나 생각된다. OO 교수님은 학생들이 단지 '숫자 맞추기'를 하기보다는 사고(생각)할 수 있도록 도전을 하는 방식으로 가르치신다.

OO 교수님은 매주, 매강의마다 끊임없는 열정을 보이신다. 학생들이 이해했는가를 확인하고, 질문을 하도록 격려해 주신다. 우리가 정말 잘 배울 수 있도록 관심을 쏟는다. 설명도 잘하시지만 학생들이 질문한 것도 모두 명확하게 대답해 주신다.

○○ 교수님은 학생들을 기꺼이 도와주시려고 한다. 모든 학생이 다 잘할 수 있기를 바라고, 그렇게 되도록 도와주신다. ○○ 교수님의 강의 기술이나 정열을 보면 이분이 자기 분야에 대해 정말 재미있어 하고, 가르치는 일을 정말 좋아하신다는 것을 확실히 알 수 있다.

○○ 교수님은 박력 있고, 도전적이고, 재미있고, 우리가 더 잘하도록 격려해 주신다. 그리고 우리가 생각을 하게끔 만드신다. 지루한 과목을 생기발랄하게 만드는 재주가 있다. 과제로 내주시는 프로젝트와 실험은 정말 대단하다!! 그냥 연습이 아니라 수업중에 배운 내용을 구체화시켜 주도록 고안된 프로젝트와 실험이기 때문이다.

○○ 교수님은 학생들의 사고력(생각하는 과정)을 강조하신다. 학기초에는 학생들이 실수를 하도록 허용한 다음, 맨 끝에 전반적인 학습 성취로 평가를 하신다. 우리 학생들은 바로 이런 스승의 정신을 원한다. 이분은 또 학생과의 커뮤니케이션과 능동적 학습을 강조하신다.

○○ 교수님은 커뮤니케이션 기술이 뛰어나시다. 학생들이 이분의 말씀을 잘 이해할 수 있도록 하신다. 수업 준비도 잘해 오시고, 학생들이 스스로 아이디어를 만들어낼 수 있도록 이끌어주신다.

○○ 교수님은 학생들에게 개방적이시다. 수업도 재미있고 즐겁다. 수업 내용을 이론적으로 보이지 않으면서도 효과적으로 전달하신다. 학생들의 참여를 격려하고, 학생들이 배우는 것을 생각하도록 격려해 주신다.

○○ 교수님은 학생들이 단지 제한된 시간 안에 정답을 풀어내는 것보다는 개념을 이해했는가에 더 관심을 두신다. ○○ 교수님이 학생들을 존중해 주시고 적절한 교육을 받도록 존중해 주시는 데에는 끝이 없는 것 같다.

○○ 교수님은 학생 한 명 한 명에게 높은 기대치를 요구하는데 이제까지 내가 배워본 다른 어느 교수님보다 기대치가 높으시다. 어려운 내용을 누구라도 쉽게 알아들을 수 있도록 단순화하여 효과적으로 가르치신다.

교과목에서 배운 것만큼이나 문제를 어떻게 생각하는가에 대해서도 많이 배웠다. 나는 원래 ○○ 과목이 재미있어서 이 과목을 들은 게 아니라 4학년 선택 과목이라서 들었다. 그런데 이제는 ○○에 대해서 잘 이해할 뿐 아니라 진짜 이 과목에 흥미를 느끼게 되었다!

○○ 교수님은 정말 이 과목에 대해 흥미를 느끼고 열심이시다. 학생들이 수업 내용을 잘 이해하고 배우는 데 관심을 많이 두신다. 가르치는 내용을 잘 아시지만 혹시 학생이 질문한 것에 대해 확실하지 않으면 다음 수업에 그 질문에 대한 답을 찾아오신다.

○○ 교수님은 학생들이 질문에 대해 열린 마음을 갖게 하신다. 사고력(생각하는 과정)을 증진시켜 주신다. 이 교수님의 수업을 정말 잘 들었고, ○○에 대해 많이 배웠고, 다른 문제에 대해서도 좀더 깊이 생각하는 모델로 사용할 것이다.

이 책을 읽고 교수법을 조금씩 향상하려고 노력하신다면 누구나 위와 같은, 혹은 위보다 더 훌륭한 평가와 신뢰와 존경을 받을 수 있을 것입니다.

조벽 교수의 명강의 노하우&노와이

초판 1쇄 2001년 11월 10일
초판 32쇄 2010년 6월 15일
개정판 1쇄 2010년 12월 20일
개정판 12쇄 2020년 3월 25일

지은이 | 조벽
펴낸이 | 송영석

주간 | 이혜진
기획편집 | 박신애 · 김단비 · 심슬기
외서기획편집 | 정혜경
디자인 | 박윤정
마케팅 | 이종우 · 김유종 · 한승민
관리 | 송우석 · 황규성 · 전지연 · 채경민

펴낸곳 | (株)해냄출판사
등록번호 | 제10-229호
등록일자 | 1988년 5월 11일(설립일자 | 1983년 6월 24일)

04042 서울시 마포구 잔다리로 30 해냄빌딩 5·6층
대표전화 | 326-1600 **팩스** | 326-1624
홈페이지 | www.hainaim.com

ISBN 978-89-7337-438-0

파본은 본사나 구입하신 서점에서 교환하여 드립니다.